見方・考え方を働かせる！

板書＆展開例でよくわかる

中学歴史

授業づくりの教科書

澤田康介 著

明治図書

はじめに

　社会の変化はめまぐるしく，生成ＡＩの登場により教育のあり方も大きく変わろうとしています。ChatGPT は既存の情報から大量のアウトプットを出すことが得意であるため，教科書の掲載内容についても質問さえすれば，事実をいとも簡単に説明してくれます。私も ChatGPT を活用しますし，本書でも授業での活用例を紹介しています。しかし，ChatGPT を通して単に個別知識を調べただけでは，深い意味理解を促すことや，社会とのつながりは見出せないと考えます。授業を通して，自分で知識を獲得したり，友達の発言から「はっ」とする瞬間があるからこそ，子どもたちは深い意味理解に到達するのではないでしょうか。その前提として，子どもたちが楽しいと思える授業を行うことが大切です。そして，いわゆる公開授業のときだけ，とっておきの授業をするのではなく，日常的に楽しい授業を積み重ねていくことが大切だと考えます。

　中学校社会科の大家である安井俊夫氏は，「日常」の授業に関わり，次のように述べています。

> 教科書の「事実」を中心に授業を構成することが求められているとしても，それに軽重をつけ，考えさせるべきヤマ場を設定して，授業を起伏のあるものにする工夫も必要である。あるいは，「事実」を並べるにしても，ストーリー性をもたせるような順序で並べれば「知識羅列型」の授業を少しは脱却できる。

　中学校社会科では，毎時間かなり大量の「事実」を扱うことを要求されます。そのため，「日常」の授業では，それらの「事実」を中心に授業を構成せざるを得ません。本書も「日常」の授業を示すものですので，この制約内にあります。私自身も，中学校社会科の授業づくりをしていく中で，どのように「事実」を扱うか悪戦苦闘しています。しかし，事実ばかりを伝えることに終始していては，楽しい授業を準備し，子どもに力をつけることはできません。安井氏が述べるように授業のヤマ場をデザインし，子どもが「えっ?!」「どうして?!」と思うような場面をつくることで，子どもたちが主体的に知識を獲得することや活用することにつながるのだと考えます。日常的にこうした授業を積み重ねていくことで，本当の意味で子どもたちが力をつけられるのではないでしょうか。

　中学校歴史的分野の学習では，時代の文化の特徴について学ぶ単元があります。以前，文化の学習について，子どもたちにインタビューをしたところ「覚えることがたくさんある」「暗

記することが多くてつまらない」「どの時代にも文化があるのはわかるが、違いがよくわからない」など、否定的な回答が多くありました。文化について学ぶ際、単に「～の絵画が描かれた」「～という建物が建てられた」などの事実を伝えただけでは、子どもは知識を獲得することはできるかもしれませんが、追究する場面も生まれないので、単なる暗記を強いることになりかねません。

しかし、絵画を切り口に子どもたちに驚きを与えることもできると考えます。子どもたちの中には「洋画＝海外」「外国人を描く＝絵画」といったイメージをもっている子もいます。明治時代の文化について学ぶ時間では、横山大観（①）とルノワール（②）の作品を提示しました。「日本人が描いたのはどっち？」と問うと、生徒たち

黒田清輝はパリで印象派的な視覚を学んでいる。

子どもの「えっ？！」という声を本時の問いへ！

は迷わず横山大観の作品を選びます。その上で、黒田清輝『読書』（③）を提示します。黒田清輝はパリで印象派的な視覚を学んだため、『読書』は黒田清輝が描いたものだと確認すると、生徒から「えっ？」という声が生まれました。こうして生まれた問いは、子どもたちの追究のエネルギーにもなっていきます。資料提示や発問の仕方を工夫することにより、子どもたちの学びも大きく変わります。

本書では、授業の導入からまとめまでの学習過程について、板書をもとにしながら紹介しています。本書の小学校シリーズの著者である朝倉一民氏も述べているように、授業について方法論的な「型」を生み出すべきではないと考えます。しかし、本書を手に取っていただいた先生方にわかりやすく、明日の実践に生きるような内容構成にしたいと考え、単元としての問題解決ではなく、一単位時間の問題解決ができるような授業も多く紹介しています。もちろん私自身も、日々試行錯誤しながら授業をしています。上手くいかなかった点、もっとこうしたらよいという点については、ぜひ工夫・改善しながら授業に臨んでいただければと思います。日常の授業の充実に向けて、授業の手引きにしていただければ、これ以上嬉しいことはありません。

澤田　康介

CONTENTS

はじめに……3

1章 見方・考え方を働かせる！中学歴史授業デザイン

1 見方・考え方を働かせて探究的な学びを実現……10

2 板書構成について……13

3 本書の読み方……16

2章 見方・考え方を働かせる！中学歴史授業づくりの教科書 板書＆展開プラン

「中学歴史授業づくりの教科書 板書＆展開プラン」の使い方

☆2章の実践編は，下記のような項目で，授業の全体像をまとめました。読者の皆様の用途に合わせてご活用いただければ幸いです。

○授業での板書（作品）例

○本時のねらい（観点別）と評価のポイント

○見方・考え方を働かせる授業デザイン

①【導入】深い学びを生む「問い」（かかわる）

②【展開】社会的事象の意味を見出す協働（つながる）

③【まとめ】探究的な学びへとつなげるふり返り（創り出す）

1 【人類の出現と文明】

1 サル・ヒト…どっち？ ……20

2 文明が起こったのはどんな場所？ ……22

3 7000体の兵馬俑が出てきた！ ……24

2 【日本の成り立ち】

1　どっちが縄文人?! どっちが弥生人?!　……26
2　ひどい争いの時代をおさめた女王　……28
3　古墳をつくったのは何のため?　……30

3 【律令国家の形成】

1　紙幣と聖徳太子　……32
2　日本と海外で似た作品が?!　……34
3　絵巻の事件は一体?!　……36

4 【貴族社会の発展】

1　奈良時代にチーズ?　……38
2　東大寺の大仏と中国の大仏　……40
3　平安時代は無事で穏やか?　……42
4　貴族も辛いよ…　……44

5 【武家政治の始まり】

1　武士になったのは誰?　……46
2　『耳なし芳一』から見える平清盛の政治　……48
3　頼朝が鎌倉を選んだ理由　……50
4　140年続いた鎌倉幕府　……52
5　浄土真宗が広まったのはどうして?　……54

6 【武家政治の変化】

1　元が日本にやってきた!　……56
2　武士を味方につけたのは誰?　……58
3　『一寸法師』と下剋上　……60
4　金閣のよさと銀閣のよさ　……62

7 【結び付く世界】

1　どうしてこんなにキリスト教信者が増えたの?　……64
2　南蛮貿易と日本地図　……66

8 【天下統一への動き】

1　信長は良い人?悪い人?　……68

2　秀吉は良い人？悪い人？　　　　　　　　　　……70
3　桃山文化とわび・さび　　　　　　　　　　　……72

9　【幕藩体制の確立と江戸幕府のしくみ】
1　江戸時代は平和？　　　　　　　　　　　　　……74
2　鎖国中なのに貿易?!　　　　　　　　　　　　……76
3　田沼意次だけ仲間外れ?! ①　　　　　　　　……78
4　田沼意次だけ仲間外れ?! ②　　　　　　　　……80
5　どうやってゴッホは浮世絵を知ったの？　　　……82

10　【近代世界の確立】
1　絶対王政を行っていた国王に何があったの?!　……84
2　これぞ革命?!　　　　　　　　　　　　　　　……86
3　産業革命と児童労働　　　　　　　　　　　　……88

11　【幕藩政治の終わり】
1　ペリーは何しに日本へ？　　　　　　　　　　……90
2　倒幕の動き　　　　　　　　　　　　　　　　……92
3　大変な世の中なのに，「ええじゃないか」?!　……94

12　【新政府と明治維新】
1　人々は徴兵令に進んで参加したの？　　　　　……96
2　明治天皇が大変身?!　　　　　　　　　　　　……98
3　福沢諭吉が一万円札に選ばれた理由とは?!　　……100
4　「演歌」と政治　　　　　　　　　　　　　　……102

13　【揺れ動く東アジアと２つの戦争】
1　不平等条約の改正の行方　　　　　　　　　　……104
2　「日清」戦争なのに「朝鮮」？　　　　　　　……106
3　義和団事件と出兵数　　　　　　　　　　　　……108
4　怒りを生んだ日露戦争　　　　　　　　　　　……110

14　【近代産業と明治時代の文化】
1　産業革命の「光」　　　　　　　　　　　　　……112
2　産業革命の「かげ」　　　　　　　　　　　　……114

CONTENTS　7

3　外国人が描いたもの？日本人が描いたもの？　　……116

15　【第一次世界大戦と世界の動き】
　　1　第一次世界大戦は「天の助け」？　　……118
　　2　連合国側なのにデモが起きたのはどうして？　　……120
　　3　お金の価値ってこんなに下がるの?!　　……122

16　【大正デモクラシーと文化の大衆化】
　　1　米騒動と国民の怒り　　……124
　　2　明治？大正？どっちでSHOW！　　……126

17　【世界恐慌と繰り返す戦争】
　　1　世界恐慌で様子が一変?!　　……128
　　2　植民地の少ない国は世界恐慌をどうやって乗り越えた?!　　……130
　　3　日本の進む道は？　　……132

18　【第二次世界大戦と日本のゆくえ】
　　1　パリでヒトラーが写真撮影？　　……134
　　2　太平洋戦争のはじまり　　……136
　　3　第二次世界大戦中に生きた人々　　……138
　　4　第二次世界大戦の終結　　……140

19　【「新しい日本」へ再出発】
　　1　名前ランキングからみえる国民の願い　　……142
　　2　Go Home Quickly？　　……144
　　3　朝鮮戦争と警察予備隊　　……146
　　4　独立回復！国民の意見は？　　……148

20　【日本の復興と新たな課題】
　　1　国家予算の3分の1をかけたオリンピック　　……150
　　2　チキンラーメンと高度経済成長　　……152

おわりに……154
参考文献一覧……155

見方・考え方を働かせる！
中学歴史授業デザイン

1 見方・考え方を働かせて探究的な学びを実現

　本書は中学校社会科歴史的分野の学習内容について1時間ずつの展開を探究的な学びの視点でまとめたものです。2024年9月に公示された「今後の教育課程，学習指導及び学習評価等の在り方に関する有識者検討会　論点整理」では，「教科固有の見方・考え方」，「主体的・対話的で深い学び」，「習得・活用・探究」に加え，「個別最適な学びと協働的な学びの一体的な充実」の関係性を大切にしていくことが述べられています。探究的な学びを実現するには，探究課題を子どもに与えただけでは，多くの子どもが「えっ?!」「どうして?!」と思うことができるような授業にはなりにくいと考えます。そこで本書では，**深い学びを生む「問い」（導入）**，**社会的事象の意味を見出す協働（展開），探究的な学びへとつなげるふり返り（まとめ）**を整理し，問い・協働・探究を一体的に考えることで探究的な学びを実現できるようにしました。

　私は，人間の誰もが探究したいという知的好奇心があると考えます。それは，大人であろうが子どもであろうが同じであり，自分が「なぜ」「どうして」という疑問を一度もてば，「知りたい」「解決したい」と思うからです。この本を手にしている方も，スマートフォンで気になるネットニュースのタイトルがあれば，自然とタップしてニュースの中身を見ているのではないでしょうか？　YouTubeなどのショート動画でも，自分の関心のある動画をスライドしては視聴してを繰り返していることはないでしょうか？　私の経験上，「なるほど」「わかった」と感じる経験が多ければ多いほど，もっと「知りたい」と思うようになり，より興味をもつようになると考えます。それは授業においても同じです。一度そうした経験をすると，社会科に興味をもち，好きになることにつながるのではないかと考えます。社会科は，「好き嫌いがはっきり分かれる教科」「暗記教科」と言われることが多い教科です。しかし，日常的に子どもたちが「なぜ」「どうして」という疑問をもてるような授業を継続していけば，社会科好きの子どもたちも増えていくのではないでしょうか。

　社会科の授業は，子どもたちが自らの生活と社会を結び付け，「なるほど！」と感じられる時間であってほしいと願っています。日々の授業では，テストの点数を伸ばすことが確かに重要ですが，それ以上に，子どもたちが社会科の時間を「楽しみ」ながら，「学びの喜び」を実感できるようにしたいと考えています。

　本書は，子どもたちの生活や興味に根ざした「どの子どもも参加できる授業づくり」を目指した内容になっています。社会科の学びを通じて，目の前の子どもたちが，自分たちの地域や世界についての「見方・考え方」を深め，自分たちの未来を主体的に考える力を育む一助となることを心より願っています。

図1は探究的な学びのプロセスを踏まえた授業モデルです。こうして生徒は興味のあることや気になる社会的事象に出合うと学習意欲が喚起されると考えます。そこに自分の生活経験や知っていることとの認識の「ずれ」があれば，さらに学習意欲は高まるのではないかと考えます。そうした瞬間に問いが生まれ，問題解決意欲へとつながっていくものだと考えます。問いを解決していく過程で既習事項を活用したり，他の人の考えを参考にしながら考えたりすることは，知識の定着と考えの深まりにつながっていくはずです。そして，問いを解決できたときの「なるほど」「わかった」という感覚を積み重ねることにより，次時の学習への意欲につながっていくと考えます。以下に，「①深い学びを生む『問い』（導入）」，「②社会的事象の意味を見出す協働（展開）」，「③探究的な学びへとつなげるふり返り（まとめ）」を示します。

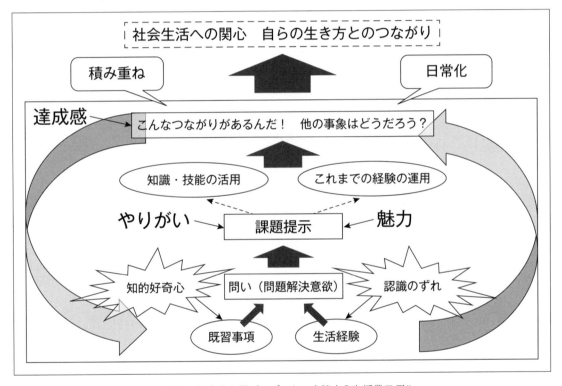

図1　探究的な学びのプロセスを踏まえた授業モデル

①深い学びを生む「問い」（導入）

　上田薫氏は授業における「ずれ」について述べています。授業における「ずれ」とは，教師と子どもの間の反応や理解のくい違いであり，「『ずれ』があるからこそ，それを克服しようと話合いが成立し，その克服を目指す過程で当初のくい違いはまたより深い内容をもった『ずれ』に発展する」と述べています。「ずれ」が，授業における問いとなり，それが次の問いへ

とつながっていると考えたとき，「ずれ」は問いの要件としても位置づけられる必要があります。本書では，問いの要件として，以下の３点を設定しました。

○矛盾やずれをもとに，「なぜ」という問いからのつながりがある。
○今までの経験だけでは解決が困難であるが，「何か工夫することで解決（思考・判断・表現）できそうだ」という見通しがもてる。
○生徒の知的好奇心がゆさぶられるような魅力がある。

　しかし，こうした問いの要件が満たされた課題であったとしても，そこに向かうまでの問題意識や追究意欲を引き出さなければ授業は成立しないと考えます。有田和正氏は，「『わかる』ということはむずかしいことであり，私たちは想像以上に，『わかったつもり』のことを『わかった』と勘違いしている」と述べています。教科書の記述をひとつとっても，簡単だと思うようで，知らないことは多くあります。このように知っていそうなことでも，教師の働きかけにより「なぜ」「どうして」のような切実さを生み出すことが課題提示の際の前提となります。

②社会的事象の意味を見出す協働（展開）

　子どもたち一人ひとりの考えを羅列するのでは，思考の広がりや深まりにはつながらないと考えます。また，「協働的な学び」といっても，単にグループワークを行うだけでは学びは深まりません。子どもにグループワークの必要感を抱かせるような工夫や，なぜグループワークを行うのかといった目的をもつことが大切です。

　そのため，全体で考える場面において，話し合いの視点を明示したり，発問により教師がファシリテートしたりする必要があります。例えば，地産地消について考える際，「地元の農産

絞る発問	「だれが」「どこで」「いつ」など，人や場所，時間などに絞って問う際の発問
広げる発問	「どのように」と様子や方法を問い，追究させる際の発問
深める発問	「なぜ」と因果関係を問う際，その他の一般化を図る際，多面化・多角化を促す際の発問

物を地元で消費するとどんなよさがあるの？」「どうして地元の農家の方が作った物の方が安心できるのかな？」などと問い返しをすることで，子どもたちの考えを結び付けていきます。こうした発問のあり方について，宗實直樹氏が類型化しています。教師側で意図をもって発問をすることで子どもたちの話し合いの質もグッと上がります。

③探究的な学びへとつなげるふり返り（まとめ）

　この場面は一単位時間の授業におけるクライマックスです。授業におけるふり返りは，生徒が学んだことを整理し，理解を深めるための重要なプロセスです。自分の学びをふり返ることで，成功や課題を認識し，次回の学びに生かすことができます。また，自己評価を促し，自分の成長を実感する機会にもなります。以下に，ふり返りの例を示します。

文章で記述する	問いをふり返って調べたことやわかったことを記述する
	自分の学習状況をふり返って考えたこと（感想など）を記述する
キーワードで記述する	重要な言葉をもとに自分の考えを記述する
キャッチコピーをもとにまとめる	単元や本時で印象に残った言葉をもとに，地域や人物にキャッチコピーをつける
図表にまとめる	関係図などに整理することで，着目した情報（事実）や思考のプロセスを「見える化」する

2　板書構成について

　「ＩＣＴ機器が発達しているのだから板書は必要ない」という考えをみなさんはどのように考えるでしょうか。ＩＣＴ機器は授業をさらに充実させるものの，板書をなくしてしまうと思考の足場がひとつ失われてしまうと考えます。中村祐哉氏は構造化された板書の意義について「子供の思考の一助となり，『そもそも次なる探究（問い）が，なぜ生まれたのか』について，その源流を辿ること」ができると述べています。ＩＣＴ機器は保存性が低いというデメリットがありますが，板書はその時間内のことが残るため子どもたちにとって学びの経過をひと目で把握できます。

　本書では，板書を通して，この本を手に取っていただいた方に向けて実践を紹介しています。もちろん，全て実際に授業をした写真を掲載しています。同じ授業をしても同じような構造にはならないこともあるでしょう。しかし，若い先生やこれから教師を目指す学生の方にとっても，明日からの実践に生かせるよう板書を掲載しました。本書では，次の板書の型を基本としながら，ねらいに応じて構造を柔軟に変えています。

---

①問題解決型…問題解決の過程が見える

②話し合い型…立場や対立，考えの違いが見える

1章　見方・考え方を働かせる！中学歴史授業デザイン　　13

①問題解決型板書のポイント

問題解決型板書のポイントは以下の4点です。

①資料をもとに社会的事象と出合い，本時の問いを生む
②予想から検証の過程を整理する
③展開場面の学びを深める資料
④問いに対するまとめ

社会科の王道とも言える流れであり，多くの先生方が日常的な授業において用いているかと思います。図2のように，問題解決型板書では問題解決のプロセスを左側から右側へと整理していきます。板書を見るとどのように問いを解決したのかがわかるため，多くの子どもが授業に参加しやすい板書の型であると考えます。

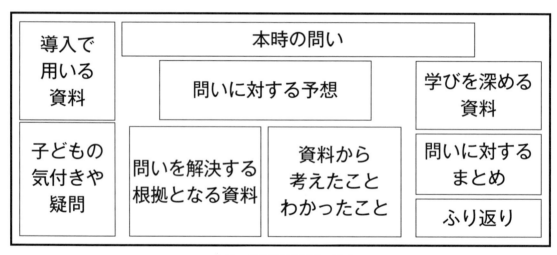

図2　問題解決型板書の様式

②話し合い型板書のポイント

話し合い型板書のポイントは以下の2点です。

①立場や考えを分けて整理する
②話し合いをもとに，新たな問いや考える視点を生み出す

図3からわかるように，話し合い型の板書ではありますが，その時間の問いがなければ子どもたちにとって追究意欲は掻き立てられないため，問題解決型と同じように問いを書き残しています。問題解決型板書との違いは話し合いに時間をかけ，問いを生んだ上で子どもたちに委ねながら考えをじっくり整理していくことです。勝ち負けを決めるディベートではなく学びを深めていくための話し合いです。子どもたち同士でやりとりする時間を確保することで共通点や相違点が整理されるとともに，話し合い後に新たな問いを生み出したり，問い直しをしたりすることにつながっていきます。

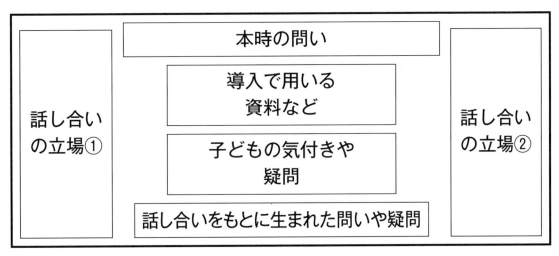

図3　話し合い型板書の様式

　日本の教育が大きな転換期を迎える今こそ，板書の価値が問われていると考えます。捉え方によっては板書と聞くと一斉授業での一方的な教授と考える方もいるかもしれませんが，私は「子どもたちが創り上げた学びの証」だと考えます。教師にとっては1時間の授業が何百回のうちの1回でも，子どもたちにとっては二度と受けられないものだからこそ，板書を通してその時間の学びを刻んでいきたいものです。

3 本書の読み方

【板書】
1時間の授業の板書例です。本書では，多くの方が実践しやすいように一単位時間の問題解決の板書にしています。そのため単元の問いについては記載していませんが，こちらをベースにしながらご自身の授業スタイルや子どもの実態に応じてアレンジしてください。

【深い学びを生む「問い」】
授業の導入です。社会科は「資料が命」とも言われているので，資料提示を通して子どもたちと問いを立てます。絵や写真，グラフ，ときには子どもの考えが資料となることもあります。社会科における「見方・考え方」を引き出しながら，子どもの「えっ?!」「どうして?!」などの疑問を生むことができるようにしています。

【資料】
本時で子どもたちの考えをゆさぶったり，深めたりするための中心となる資料を掲載しています。1人1台端末等で共有しています。

【本時のタイトル】
中学校各社の教科書を比較して記載しています。どの教科書会社を使用しても差し支えがないような順序にしています。

1 人類の出現と文明

1 サル・ヒト…どっち？ （1時間構成）

🖍板書

見方・考え方を働かせる授業デザイン

❶ 【導入】深い学びを生む「問い」（かかわる）

本時の問いへつなぐ発問：この絵はサルとヒトのどっちと言えるかな？

導入では，右のような絵を拡大して提示します。その上で，「この絵はサルとヒトのどっちと言えるかな？」と問います。子どもたちとのやりとりを以下に示します。

T：この絵はサルとヒトのどっちと言えるかな？
S：服を着ていないからサルじゃないかな？
S：手に骨みたいな物を持っているからヒトではないのでは？
S：サルもそんな物は持ってないんじゃない？
S：指で物を器用に扱えているということじゃないかな？
S：二足歩行っていうのもヒトっぽいと思う。

【本時のねらい】

本時で育成したい資質・能力です。本書では，一単位時間の問題解決の授業が中心のため，主に「知識・技能」「思考・判断・表現」の視点で記述しています。

> 💡 本時のねらい
> 【知識・技能】人類の進歩について，生活の様子をもとに理解することができる。

❷ 【展開】社会的事象の意味を見出す協働（つながる）

思考をゆさぶる発問：2つの頭蓋骨を比べるとどんな違いがあるかな？

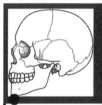

- それまでは、木の実や肉をそのまま食べていたと考えられるが・・・
- 火を使うようになったことで、食べ物を焼いたり煮たりできるようになったのでは？

展開場面では，2つの顔の頭蓋骨の絵を提示します。1枚は猿人の頭蓋骨で，もう1枚は新人の頭蓋骨です。2つを比較すると，顎が小さくなったこと，脳のあたりが大きくなったことがわかります。その理由について話し合うことを通して，人類の生活の様子の変化を捉えられるようにします。

❸ 【まとめ】探究的な学びへとつなげるふり返り（創り出す）

探究へつなぐ発問：脳のあたりが大きくなっているのはどうしてだろう？

授業のまとめでは，頭蓋骨を比べた際のもうひとつの気付きである「脳の周辺が大きくなっている」理由について話し合います。教科書などで調べていくと，原人が言葉を使用したことや狩りの内容も変化してきたことを確認できます。このように生活の内容が少しずつ進歩してきたことについて子どもたち同士が表現し合いながら，脳の容積が大きくなった理由を関連づけることで解決へとつなげていきます。

> 📝 評価のポイント
> ・②③の場面について，火や言葉を使用したことと関連づけて理解することができているか。

【社会的事象の意味を見出す協働】

子どもたちが導入で生み出した問いを解決していく場面です。子どもたちが社会科における「見方・考え方」を発揮できるよう，この場面での子どもたちの発言を板書上に位置づけながら，話し合いを進めていきます。話し合いを通して，子どもたちが社会的事象をつなげられる姿を目指します。キーワードを掲載しているページも多くありますので，そうした言葉をきっかけとしながら，多面的に考察したり，多角的な思考をしたりすることにつなげていきます。

【探究的な学びへとつなげるふり返り】

本時での学びを一歩深めていく場面です。展開場面での学びをもとにしながら，「一般化する」「異なる視点から考える」「資料提示などをもとにして子どもたちの認識をゆさぶる」など，その時間によってさまざまです。

その時間のねらいにもよりますが，本時の学びを通して「構想」するような学習活動を位置づけることにより，次時や未来へつながる場面になります。

【評価のポイント】

本時のねらいを達成できたのかどうかを確認するポイントです。実際の授業では，ポイントをもとに授業の姿やノート・1人1台端末における記述を見て評価しています。

1章　見方・考え方を働かせる！中学歴史授業デザイン　17

見方・考え方を働かせる！
中学歴史授業づくりの教科書
板書&展開プラン

1　人類の出現と文明

1　サル・ヒト…どっち？

（1時間構成）

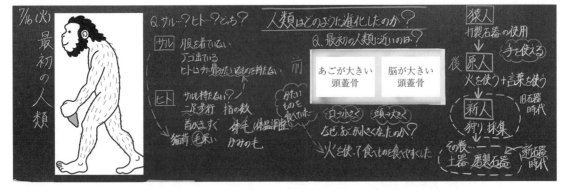

見方・考え方を働かせる授業デザイン

❶【導入】深い学びを生む「問い」（かかわる）

本時の問いへつなぐ発問：この絵はサルとヒトのどっちと言えるかな？

導入では，右のような絵を拡大して提示します。その上で，「この絵はサルとヒトのどっちと言えるかな？」と問います。子どもたちとのやりとりを以下に示します。

T：この絵はサルとヒトのどっちと言えるかな？
S：服を着ていないからサルじゃないかな？
S：手に骨みたいな物を持っているからヒトではないのでは？
S：サルもそんな物は持ってないんじゃない？
S：指で物を器用に扱えているということじゃないかな？
S：二足歩行っていうのもヒトっぽいと思う。

本時のねらい

【知識・技能】人類の進歩について，生活の様子をもとに理解することができる。

❷ 【展開】社会的事象の意味を見出す協働（つながる）

思考をゆさぶる発問：２つの頭蓋骨を比べるとどんな違いがあるかな？

展開場面では，２つの顔の頭蓋骨の絵を提示します。１枚は猿人の頭蓋骨で，もう１枚は新人の頭蓋骨です。２つを比較すると，顎が小さくなった

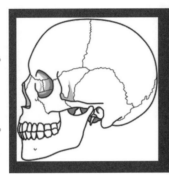

- それまでは、木の実や肉をそのまま食べていたと考えられるが・・・
  ↓
- 火を使うようになったことで、食べ物を焼いたり煮たりできるようになったのでは？

こと，脳のあたりが大きくなったことがわかります。その理由について話し合うことを通して，人類の生活の様子の変化を捉えられるようにします。

❸ 【まとめ】探究的な学びへとつなげるふり返り（創り出す）

探究へつなぐ発問：脳のあたりが大きくなっているのはどうしてだろう？

授業のまとめでは，頭蓋骨を比べた際のもうひとつの気付きである「脳の周辺が大きくなっている」理由について話し合います。教科書などで調べていくと，原人が言葉を使用したことや狩りの内容も変化してきたことを確認できます。このように生活の内容が少しずつ進歩してきたことについて子どもたち同士が表現し合いながら，脳の容積が大きくなった理由を関連づけることで解決へとつなげていきます。

評価のポイント

・❷❸の場面について，火や言葉を使用したことと関連づけて理解することができているか。

1 人類の出現と文明

2 文明が起こったのはどんな場所？ （1時間構成）

板書

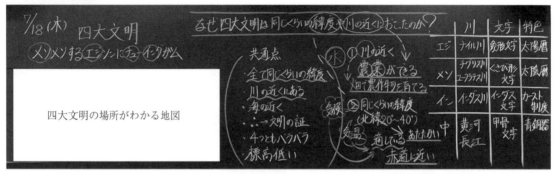

見方・考え方を働かせる授業デザイン

❶ 【導入】深い学びを生む「問い」（かかわる）

> 本時の問いへつなぐ発問：四大文明にはどんな共通点があるかな？

　導入では，四大文明が起きた場所がわかる地図を提示します。その上で，「四大文明にはどんな共通点があるかな？」と問いかけ，グループで話し合う時間を位置づけます。子どもたちが気付いた共通点を以下に示します。

- ・全て同じくらいの緯度に文明がある
- ・川の近くに文明がある
- ・海の近くにも文明がある
- ・文明の証（地図記号）がある
- ・4つの位置はバラバラだけど，アジアとアフリカに固まっている
- ・山の上ではなく，標高が低い場所で文明が起きている

　子どもたちの気付きをもとに，本時では「緯度」「川」に着目して問いを生み出しました。他の気付きについても，本質につながるものもあるため，ふり返りの場面で扱うようにします。

本時のねらい

【思考・判断・表現】文明が起きた場所について，緯度や川という共通点を見出し，説明することができる。

❷　【展開】社会的事象の意味を見出す協働（つながる）

思考をゆさぶる発問：なぜ四大文明は同じくらいの緯度や川の近くで起きたのかな？

展開場面では，「緯度」や「川」の特徴をもとに問いの解決を目指します。地理の学習を先に進めている場合には，地理で学んだ気候的特色と関連づける姿が見られることもあると考えられます。そうした姿を価値づけていくと，歴史の学習と地理の学習を独立したものと捉えるのではなく，関連性を見出しながら学んでいくことができると考えます。

同じくらいの緯度で起きた理由	川の近くで起きた理由
・北緯20〜40°の場所に位置しており，比較的温暖であり，農作物を育てる上で適している。	・水を利用することで，農業をすることができる。

❸　【まとめ】探究的な学びへとつなげるふり返り（創り出す）

探究へつなぐ発問：同じような場所で起きた四大文明は文明の特徴も同じなのかな？

授業のまとめでは，四大文明の特徴を取り上げます。「同じような場所で起きた四大文明は文明の特徴も同じなのかな？」と問いかけると，子どもたちは教科書をめくり始めて考えます。それぞれに特徴があるということに気付く姿が見られた後に，特徴を表にして整理していきます。その際，現代とのつながりを子どもに伝えたり，調べさせたりする時間を位置づけることで単なる暗記にとどまらず学習を進めることができます。

評価のポイント

・❷❸の場面について，緯度や川の特徴を踏まえ，その理由を説明することができているか。

2章　見方・考え方を働かせる！中学歴史授業づくりの教科書　板書＆展開プラン　23

1　人類の出現と文明

3　7000体の兵馬俑が出てきた！
(1時間構成)

板書

見方・考え方を働かせる授業デザイン

❶【導入】深い学びを生む「問い」（かかわる）

本時の問いへつなぐ発問：7000体も出てきた焼き物の正体は何だろう？

導入では，右のようなスライドを写真とともに提示します。兵馬俑の数を具体的にイメージすると，インパクトを演出することができます。

その上で，その正体が兵馬俑であり，秦の始皇帝の頃に作られたものであることを確認し，本時の問いへつなげました。

本時のねらい

【知識・技能】 秦の始皇帝が中国を統一できた理由について，当時の政策をもとにして理解することができる。

❷ 【展開】社会的事象の意味を見出す協働（つながる）

思考をゆさぶる発問：なぜ始皇帝は中国を統一できたのかな？

展開場面では，7000体もの兵馬俑を作らせたほどの権力をもっていたこと，初めて中国を統一したことをもとに本時の問いへつなげました。問いを解決する上で，3つの政策に着目していきます。特に，中央集権体制や度量衡については，現代までの日本と関連させていくことで，つながりをもって学習を進めることができると考えます。

万里の長城	中央集権体制	度量衡
・北方民族の侵入を防ぐために築かれた。	・皇帝を頂点に全国を支配する体制を整えた。	・長さ・容積・重さを測る基準を統一した。

❸ 【まとめ】探究的な学びへとつなげるふり返り（創り出す）

探究へつなぐ発問：政策を整えた秦の支配はどれくらい続いたのかな？

授業のまとめでは，秦の中国統一がどれくらいの続いたのか考えます。子どもたちに「政策を整えた秦の支配はどれくらい続いたのかな？」と問うと，何十年も支配が続いたと考える子もいます。秦は15年ほどで滅亡し，その後の漢は400年ほど支配しました。秦と漢の支配の期間の長さを比較すると，漢の支配期間の長さについて改めて驚かされます。その後，シルクロードや甲骨文字などと関連づけながら，漢の特徴について考えていきます。

評価のポイント

・②の問いについて，万里の長城・中央集権体制・度量衡などと関連づけながら理解することができているか。
・③の場面について，漢の政策と関連づけながら理解することができているか。

2章　見方・考え方を働かせる！中学歴史授業づくりの教科書　板書＆展開プラン　25

2 日本の成り立ち

1 どっちが縄文人?! どっちが弥生人?!　　（1時間構成）

📷 板書

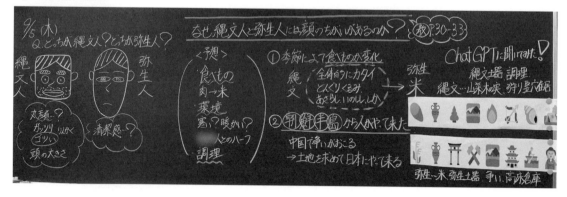

見方・考え方を働かせる授業デザイン

❶【導入】深い学びを生む「問い」（かかわる）

本時の問いへつなぐ発問：どっちが縄文人？　どっちが弥生人？

　導入では，何も言わずに右のような絵を教師が描きます。その後，「どっちが縄文人？どっちが弥生人？」と問いかけます。実際の授業では，ほとんどの子が左側を縄文人，右側を弥生人だと反応していました。輪郭や目の形などに着目しながら理由を述べる姿が見られました。多くの子どもたちが予想した通り，左側を縄文人，右側を弥生人だと伝えた

上で，「なぜ顔の違いがあるのか？」という問いへつなげていきました。

本時のねらい

【知識・技能】縄文時代と弥生時代の違いについて，人々の生活や大陸とのつながりをもとに理解することができる。

❷【展開】社会的事象の意味を見出す協働（つながる）

思考をゆさぶる発問：なぜ縄文人と弥生人には顔の違いがあるのか？

展開場面では，顔の違いについてキーワードをもとに追究していきます。本時におけるキーワードは「食べ物の変化」と「朝鮮半島」です。こうしたキーワードをもとにしながら，問いの解決を目指していきます。

食べ物の変化	朝鮮半島から人がやってきた
・縄文時代の食べ物は，木の実など比較的に硬いものを食べていたが，弥生時代になり米づくりが始まり柔らかいものも食べるようになった。	・中国で土地をめぐる争いが起こり，土地を求めて日本にやって来るようになった。

❸【まとめ】探究的な学びへとつなげるふり返り（創り出す）

探究へつなぐ発問：ChatGPT は何を表しているのかな？

授業のまとめでは，縄文時代と弥生時代について ChatGPT が絵文字だけで表したものを提示します。それぞれの絵文字が何を表しているのか，子どもに想起させながらそれぞれの時代の生活について捉えられるようにしていきます。

ChatGPT が絵文字で表した縄文時代（上）と弥生時代（下）

評価のポイント

・❷❸の場面について，生活の様子や大陸とのつながりをもとに理解することができているか。

2 日本の成り立ち

2 ひどい争いの時代をおさめた女王 （1時間構成）

板書

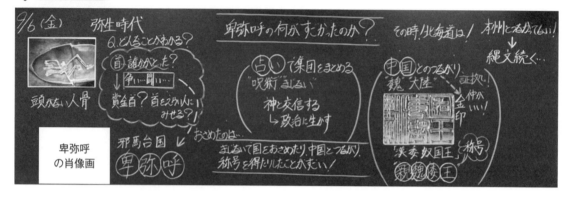

見方・考え方を働かせる授業デザイン

❶【導入】深い学びを生む「問い」（かかわる）

本時の問いへつなぐ発問：写真からどんなことがわかるかな？

導入では，弥生時代のものとされている「頭部のない人骨」の写真を提示し，「写真からどんなことがわかるかな？」と問います。子どもたちから「首がない」「争いや闘いで頭がなくなったのでは？」「偉い人に証として首を見せたからないのかもしれない」などの反応がありました。こうして争いがあったことを確認した上で，こうした争いをおさめたのが卑弥呼とされていることを伝え，本時の問いへつなげました。

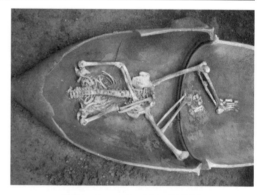

頭部のない人骨（佐賀県提供）

本時のねらい

【知識・技能】卑弥呼が争いをおさめた理由について，まじないや中国とのつながりをもとに理解することができる。

❷ 【展開】社会的事象の意味を見出す協働（つながる）

思考をゆさぶる発問：卑弥呼の何がすごかったのか？

展開場面では，頭部がなくなるような激しい争いが起こった世の中を卑弥呼がどのようにおさめたのか追究していきます。まじないや漢や魏といった中国とのつながりをもとに，本時の問いを解決していきます。

まじないなどの力を用いる	中国とのつながり
・当時の人々は悪天候や病気など，自分の手に負えないことを恐れており，占いやまじないの力で天候を予想したり，豊作や戦の勝利を祈った。	・中国で勢いのあった魏へ使いを送り，お礼として魏から「日本の王」を意味する「親魏倭王」の称号を与えられる。魏を後ろ盾にして，自分の力を知らしめた。

❸ 【まとめ】探究的な学びへとつなげるふり返り（創り出す）

探究へつなぐ発問：その頃，北海道ではどのような生活をしていたのかな？

授業のまとめでは，北海道の生活について考えます。右の資料からもわかるように，北海道では，本州が弥生時代や古墳時代だった頃，縄文時代のような生活が続き，独自の文化が形成されていたとされています。継続して北海道の歴史について扱うことで，北海道の歴史にイメージをもてるようにしました。

> **その時！北海道は！？**
>
> 【本　州】縄　文→弥　生→古　墳
>
> 【北海道】縄　文→続縄文→続縄文

評価のポイント

・②の場面について，まじないや中国とのつながりの視点を踏まえ，理解することができているか。

・③の場面について，邪馬台国と北海道の歴史を比較し，それぞれの特徴を理解することができているか。

2章　見方・考え方を働かせる！中学歴史授業づくりの教科書　板書＆展開プラン

2　日本の成り立ち

3　古墳をつくったのは何のため？

（1時間構成）

板書

見方・考え方を働かせる授業デザイン

❶ 【導入】深い学びを生む「問い」（かかわる）

本時の問いへつなぐ発問：古墳は何のためにつくられたのかな？

　導入では，ピラミッドと始皇帝陵の写真を提示します。そこで，2つの共通点は墓とされていることです。そこで，「どうしてこんなに大きな墓をつくったのかな？」と問うと，権力の強さを証明するためだと既習事項を踏まえて説明すると考えます。その上で，大仙陵古墳を提示します。子どもたちに「古墳は何のためにつくられたのかな？」と問うと，こちらも権力を示すためであると多くの子が発言すると考えます。教師が「本当にそうかな？」などと問いかけながら，本時の問いへつなげていきました。

本時のねらい

【思考・判断・表現】古墳がつくられた理由について，豪族の権力や大陸との交流をもとに説明することができる。

❷ 【展開】社会的事象の意味を見出す協働（つながる）

思考をゆさぶる発問：何のために古墳はつくられたのかな？

展開場面では，古墳がつくられた理由について，「権力」の視点から考えていきます。子どもたちとのやりとりを以下に示します。

> S：ピラミッドが王の権力を示していたと考えると，古墳も権力を表していたのだと思う。
> T：そんなに強い権力をもった人が日本にいたの？
> S：大王を中心に大和政権をつくっていたから，権力が強かったのだと思う。
> S：近畿に有力な豪族がいたから，大きな古墳も近畿地方にたくさんあるんじゃないかな？
> T：権力を示すものということはわかったけれど，誰に向けて権力を示したのかな？
> S：当時の民衆のような人たちかな？
> S：豪族同士でも権力を示し合っていたんじゃないかな？

❸ 【まとめ】探究的な学びへとつなげるふり返り（創り出す）

探究へつなぐ発問：なぜ海の近くに古墳がつくられたのかな？

授業のまとめでは，外国との関係から古墳を考えます。海の見える大仙陵古墳と五色塚古墳の写真を提示し，どちらも海の近くにあることを確認します。子どもたちは当時から大陸との交流があったことを踏まえ，外国にも権力を示そうとしていたのではないかと考える姿が見られました。

評価のポイント

・❷❸の問いについて，豪族の権力や大陸との関係から説明することができているか。

3　律令国家の形成

1　紙幣と聖徳太子

（1時間構成）

板書

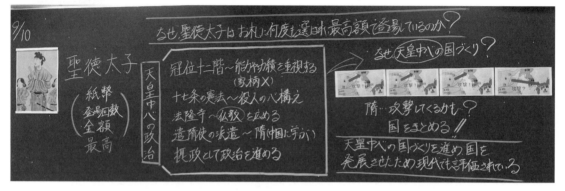

見方・考え方を働かせる授業デザイン

❶【導入】深い学びを生む「問い」（かかわる）

本時の問いへつなぐ発問：聖徳太子ってどんな人？

導入では，聖徳太子の紙幣を提示します。聖徳太子は紙幣として戦前2回，戦後5回の7回登場し，最も多く紙幣に登場しています。また，登場した際には当時の金額で最高額として登場しています。こうした事実をもとにしながら，本時の問いへつなげられるようにします。

本時のねらい

【知識・技能】聖徳太子が紙幣に多く登場している理由について話し合うことを通して，聖徳太子の政治を理解することができる。

❷ 【展開】社会的事象の意味を見出す協働（つながる）

思考をゆさぶる発問：なぜ聖徳太子は何度もお札に選ばれ最高額で登場しているの？

展開場面では，聖徳太子の政治をもとに，紙幣に最も多く登場している理由について考えました。聖徳太子は，およそ1400年前の日本の政治家であり，十七条の憲法によって国のかたちを定めたことや，隋との交流をはじめとして中国の文化を取り入れたことで知られています。多くの業績を残し，日本人に親しまれ，尊敬されていることが，聖徳太子が選ばれた理由だと考えられます。

❸ 【まとめ】探究的な学びへとつなげるふり返り（創り出す）

探究へつなぐ発問：聖徳太子にはどんなキャッチコピーがふさわしいかな？

授業のまとめでは，本時の学びを通して聖徳太子にキャッチコピーをつける活動を行いました。画像にロイロノートで文字を記載する活動なので，多くの子が参加できます。キャッチコピーは多様であり，その子がどのようなポイントに着目したのかがわかります。提出の際には，キャッチコピーの理由も併せて提出できるようにしました。

評価のポイント

・❷❸の場面について，聖徳太子が行った政治をもとに理解することができているか。

3 律令国家の形成
2 日本と海外で似た作品が？！
（1時間構成）

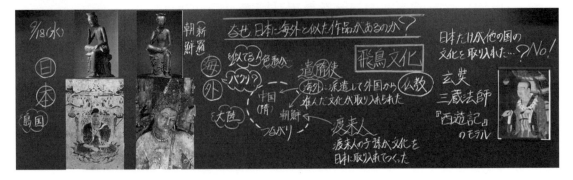

見方・考え方を働かせる授業デザイン

❶ 【導入】深い学びを生む「問い」（かかわる）

本時の問いへつなぐ発問：日本の作品と海外の作品を比べるとどんなことがわかるかな？

　導入では，日本・海外の作品をそれぞれ2つずつ提示します。日本の作品は「広隆寺の弥勒菩薩半跏思惟像」「法隆寺金堂の壁画」，海外の作品は「新羅の弥勒菩薩像」「アジャンター石窟の壁画」です。これらを対照的になるように黒板に提示すると，実際の授業では「色や形が似ている」「パクリ…？」などの反応がありました。こうした反応をもとに，本時の問いへつなげていきます。

日本の弥勒菩薩像（左）と新羅の弥勒菩薩像（右）

本時のねらい

【思考・判断・表現】飛鳥文化の作品について話し合うことを通して、遣隋使や渡来人など大陸とのつながりを説明することができる。

❷ 【展開】社会的事象の意味を見出す協働（つながる）

思考をゆさぶる発問：なぜ日本に海外と似た作品があるのかな？

展開場面では、大陸とのつながりが似ている作品がある理由について考えます。本時での主なキーワードは「遣隋使」「渡来人」です。こうしたキーワードをもとに問いの解決へつなげていきます。

キーワード① 遣隋使	キーワード② 渡来人
・中国から進んだ文化を取り入れようとして遣隋使が派遣され、大陸の文化が伝えられたのではないかと考えられる。	・朝鮮半島から日本にやってきた人が、その国の文化を日本に伝えたのではないかと考えられる。

❸ 【まとめ】探究的な学びへとつなげるふり返り（創り出す）

探究へつなぐ発問：当時は日本だけが海外の文化を取り入れたのかな？

授業のまとめでは、外国同士のつながりを捉えられるようにします。当時は日本だけではなく、各国でつながりをもちながら発展した国が多くあったと考えられています。「当時は日本だけが海外の文化を取り入れたのかな？」と問いかけた上で、玄奘に着目してインドとの交流について確認します。玄奘は『西遊記』の主人公三蔵法師であるため、映像も視聴しながら当時の様子をイメージできるようにします。

評価のポイント

・②③の問いについて、遣隋使などの大陸とのつながりをもとに説明することができているか。

3 律令国家の形成

3 絵巻の事件は一体？！
（1時間構成）

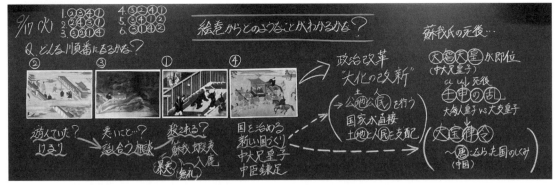

見方・考え方を働かせる授業デザイン

❶【導入】深い学びを生む「問い」（かかわる）

本時の問いへつなぐ発問：どんな順番になるかな？

　導入では，大化の改新が表されている『多武峯縁起絵巻』の一部を提示します。4つの場面を提示して並び替える活動を行うことにより，どのような出来事を表しているのかイメージすることへつなげていきます。

大化の改新の様子（『多武峯縁起絵巻』）

本時のねらい

【知識・技能】絵巻の一部を並び替える活動を通して、律令国家の成立について理解することができる。

❷【展開】社会的事象の意味を見出す協働（つながる）

思考をゆさぶる発問：絵巻からどのようなことがわかるかな？

展開場面では、並び替えの正解を確認した後に、それぞれの場面が何を表しているのか説明する活動を位置づけました。下の資料は子どもが記述した一例です。絵から話の流れをイメージする子や教科書の内容と照らし合わせる子など、それぞれに活動する姿が見られました。

❸【まとめ】探究的な学びへとつなげるふり返り（創り出す）

探究へつなぐ発問：蘇我氏の死後、どのような政治が行われたのかな？

授業のまとめでは、蘇我入鹿・蝦夷の死後、どのような政治が行われたのか確認します。聖徳太子が行った政治と関連づけながら捉えることで、律令国家の成立について流れの中で学ぶことができると考えます。

評価のポイント

・❷❸の場面について、大化の改新などの出来事をもとにして、律令国家の成立までの過程を理解することができているか。

4　貴族社会の発展
1　奈良時代にチーズ？

（1時間構成）

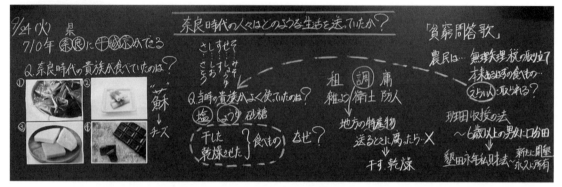

見方・考え方を働かせる授業デザイン

❶【導入】深い学びを生む「問い」（かかわる）

本時の問いへつなぐ発問：奈良時代の貴族がよく使っていた調味料は何かな？

　導入では，奈良時代の貴族が食べていたものの4択クイズをします。クイズの選択肢は「①ちまき」「②ちくわ」「③チーズ」「④チョコレート」の4つです。簡単なクイズですが学級全員を巻き込むことができると考えます。その上で，調味料の「さしすせそ」を確認した上で，当時の貴族がよく使っていた調味料についてクイズします。考えるヒントは資料に示した食べ物です。こうした食べ物から「塩」「醤油」が奈良時代の貴族の食事によく用いられていたことを確認し，本時の問いへつなげていきます。

・はすの葉で包んだご飯	・干し柿などの菓子	・なす・うりのあえ物
・漬物	・チーズに似た乳製品	・焼きアワビ
・生の鮭	・大根・しそ・たけのこ	・ふき・菜の花のゆでもの
・乾燥なまこをもどしたもの	・干したたこ	・生かき
・鹿肉の塩辛	・塩	・かも・せりの汁物
・はすの実入りご飯	・しょうゆのような調味料	・車エビの塩焼き

🔆 本時のねらい

【思考・判断・表現】奈良時代の人々の生活を通して，貴族と農民の貧富の差を説明することができる。

❷ 【展開】社会的事象の意味を見出す協働（つながる）

思考をゆさぶる発問：なぜ奈良時代の貴族は乾燥させたものを食べていたのかな？

展開場面では，導入のクイズをもとに問いを生み出していきます。導入で提示した貴族の食事をもとに共通点を探っていくと，「干したもの」「乾燥したもの」を食べていたことがわかります。こうした気付きをもとに，乾燥したものを食べていた理由を考えていきます。子どもたちとのやりとりを以下に示します。

T：なぜ奈良時代の貴族は乾燥させたものを食べていたのかな？
S：その方が美味しくなったのかな？
S：教科書の「租・調・庸」がヒント！（子どもにヒントを出してもらう）
S：「調」がヒントかな？
T：どうして「調」に着目したの？
S：「調」は特産物が関係しているから，生のままじゃ都に届けられないのかな？
S：都に届けるときに腐ってしまったらダメだから，乾燥させている！

❸ 【まとめ】探究的な学びへとつなげるふり返り（創り出す）

探究へつなぐ発問：都では色々な料理を食べているのに，どうして農民は貧しいのかな？

授業のまとめでは，山上憶良の「貧窮問答歌」を提示します。子どもたちに貧窮問答歌を読んだ感想を聞くと，「かわいそう」「貧しい」などの反応がありました。そこで，「都では色々な料理を食べているのに，どうして農民は貧しいのかな？」と問うことで，当時の税の仕組みや農民が作物を育てても自分たちの手元には残らないことを捉えられるようにしていきます。

📈 評価のポイント

・②③の場面について，貴族と農民の生活を関連づけて説明することができているか。

2章　見方・考え方を働かせる！中学歴史授業づくりの教科書　板書＆展開プラン　39

4 貴族社会の発展

2 東大寺の大仏と中国の大仏　　（1時間構成）

板書

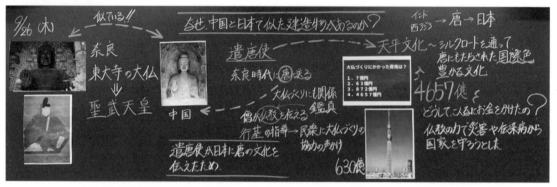

見方・考え方を働かせる授業デザイン

❶【導入】深い学びを生む「問い」（かかわる）

本時の問いへつなぐ発問：（2つの大仏を比べて）気付いたことはあるかな？

　導入では，日本・中国の大仏を比較します。日本の大仏は東大寺の大仏，中国の仏像は龍門石窟にある奉先寺洞の大仏です。2つの大仏を比較すると，似ていることに気付くと考えます。そうした気付きを本時の問いへつなげました。

40

本時のねらい

【思考・判断・表現】日本と中国の大仏が似ている理由について話し合うことを通して，遣唐使とのつながりを説明することができる。

❷ 【展開】社会的事象の意味を見出す協働（つながる）

思考をゆさぶる発問：なぜ中国と日本で似た建造物があるのかな？

展開場面では，日本と中国で似ている大仏がある理由について話し合います。本時での主なキーワードは「遣唐使」です。子どもたちとのやりとりの一部を以下に示します。

T：なぜ中国と日本で似た建造物があるのかな？
S：遣唐使がキーワードかな？（早めに自分の考えがもてた子にヒントを出してもらう）
T：みんな同じキーワードを使っているかな？　近くの人と確認してみよう。
S：（ペアやグループで確認した上で全体共有）奈良時代に遣唐使を送っていたみたいだからその影響じゃないかな？
S：唐の文化が遣唐使を通じて伝わってきたんだね。

❸ 【まとめ】探究的な学びへとつなげるふり返り（創り出す）

探究へつなぐ発問：なぜ4657億円もかけて大仏をつくったのかな？

授業のまとめでは，たくさんのお金をかけて大仏をつくった理由について考えます。現在のお金の価値に換算すると，大仏づくりには約4657億円かかったと言われています。東京スカイツリーはおよそ630億円のため，比較するといかにお金がかかったのかがわかります。小学校での既習事項も生かしながらその理由を探っていきます。

大仏づくりにかかった費用は？

1．7億円
2．63億円
3．872億円
4．4657億円

評価のポイント

・❷❸の問いについて，遣唐使をはじめとした大陸とのつながりをもとに説明することができているか。

2章　見方・考え方を働かせる！中学歴史授業づくりの教科書　板書＆展開プラン　41

4　貴族社会の発展

3　平安時代は無事で穏やか？　　　　（1時間構成）

📎 **板書**

見方・考え方を働かせる授業デザイン

❶【導入】深い学びを生む「問い」（かかわる）

本時の問いへつなぐ発問：「平安」という言葉からどんなイメージを思い浮かべますか？

　本時は平安時代の入り口となる単元の位置づけです。導入では、「平安」という言葉のイメージをきっかけに本時の問いへつなげていきます。子どもたちとのやりとりを以下に示します。

T：平安時代の「平安」という言葉からどんなイメージを思い浮かべますか？
S：平和で安心！
S：安泰！
T：では、どんな意味なのか辞書で調べてみましょう。
S：「無事で穏やか」という意味みたいだ。
T：時代の長さだと、江戸時代が約260年間で、平安時代が約400年間だそうです。「平安」という名前の通り、平和な時代だったのでしょうか？

本時のねらい

【思考・判断・表現】朝廷の東北への支配の広がりや菅原道真の左遷などの出来事をもとに，平安時代について自分なりに説明することができる。

❷ 【展開】社会的事象の意味を見出す協働（つながる）

思考をゆさぶる発問：平安時代は本当に「無事で穏やか」な時代だったのかな？

桓武天皇の政治をもとに「平安時代は本当に『無事で穏やか』な時代だったのかな？」について考えられるようにします。展開場面では，桓武天皇の「武」という言葉からイメージする言葉を共有します。多くの子が「武士」や「武器」など，戦いに関する言葉をイメージします。そこで，「桓武天皇は名前の通り戦ったのか？」と問います。この問いを通して，教科書から桓武天皇は坂上田村麻呂を征夷大将軍に任命し，東北に軍を送ったことについて確認できるようにします。

❸ 【まとめ】探究的な学びへとつなげるふり返り（創り出す）

探究へつなぐ発問：なぜ菅原道真は怨霊になったのか？

授業のまとめでは，『北野天神縁起』を提示し，雷神の正体が菅原道真とされていることを伝えます。そこで，「なぜ菅原道真が災いを起こしているのか？」と問い，太宰府へ左遷されたことを引き出します。その後，本時を通して平安時代がどのような時代か記述する活動を位置づけました。

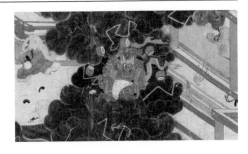

評価のポイント

・❷❸の場面について，朝廷の東北支配や菅原道真の左遷などの出来事をもとに，平安時代について自分なりに説明することができているか。

4　貴族社会の発展

4　貴族も辛いよ…　　　　　　　　　　　　　　　　　　（1時間構成）

板書

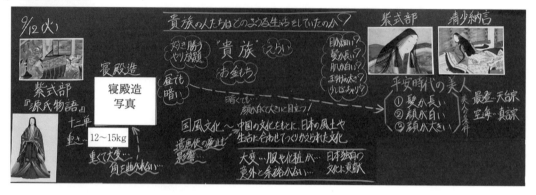

見方・考え方を働かせる授業デザイン

❶【導入】深い学びを生む「問い」（かかわる）

本時の問いへつなぐ発問：貴族の暮らしを一言で表すと，どんな言葉がふさわしいかな？

　導入では，まず紫式部の代表作が『源氏物語』であることを確認します。その後，絵巻で表された『源氏物語絵巻』を提示し，「貴族の暮らしを一言で表すと，どんな言葉がふさわしいですか？」と問います。多くの子どもから「華やか」「優雅」などの発言が出ると考えます。そうした発言を踏まえ，本時の問いへつなげていきます。

本時のねらい

【思考・判断・表現】十二単や紫式部や清少納言の肖像画をもとに，貴族の生活について説明することができる。

❷【展開】社会的事象の意味を見出す協働（つながる）

思考をゆさぶる発問：貴族はどのような生活を送っていたのかな？

展開場面では，『源氏物語絵巻』の中で表されている十二単に着目する。「重さはどれくらいか？」「トイレはどうしていたのか？」など，クイズ形式で十二単について確認していきます。クイズを通して，十二単は重さが12〜15kgもあり，現代の女性が着ると廊下の角を曲がれないと言われるほどだと確認しました。また，寝殿造にはトイレがないため樋箱と呼ばれるおまるで用をたしていたことを確認しました。

❸【まとめ】探究的な学びへとつなげるふり返り（創り出す）

探究へつなぐ発問：平安美人の条件は何だろう？

授業のまとめでは，紫式部と清少納言の肖像画を提示し，2人は平安時代の美人の条件を備えていることを確認します。「平安美人の条件は何だろう？」と問い，肖像画をもとに予想させた上で，平安美人の条件が「顔が白い」「顔が大きい」「髪が長い」だと伝えます。考える際には「寝殿造は昼でも暗い」というヒントを示すことで，子どもたちは「顔が白いと暗闇でも見える」「顔が大きいとアピールしやすい」など寝殿造と平安美人の条件をつなげて考える姿が見られました。

評価のポイント

・❷❸の場面について，十二単や肖像画と寝殿造を関連づけるなどしながら貴族の生活を説明することができているか。

5 武家政治の始まり

1 武士になったのは誰？　　　　（1時間構成）

📷 板書

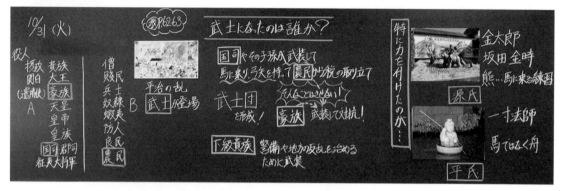

見方・考え方を働かせる授業デザイン

❶【導入】深い学びを生む「問い」（かかわる）

本時の問いへつなぐ発問：これまでにどんな身分や役職の人たちが登場したかな？

　導入では、これまでの歴史の学習をふり返るところから始めます。「これまでにどんな身分や役職の人たちが登場したか

な？」と問い、「豪族」「農民」などの役職や職業を引き出します。その上で、『平治物語絵巻』を提示し、新たに「武士」の存在が生まれたことに気付かせ、本時の問いへつなげていきました。

本時のねらい

【知識・技能】武士のおこりについて，有力な農民や貴族，朝廷の下級貴族などの立場をもとに理解することができる。

❷【展開】社会的事象の意味を見出す協働（つながる）

思考をゆさぶる発問：武士になったのは誰かな？

展開場面では，導入で子どもが挙げた身分や役職の中で，武士になったのはどの身分や役職なのかに着目しました。以下の①②ことがきっかけとなり，武士が生まれたことを理解できるようにしました。

武士のおこり①	武士のおこり②
・有力な農民や貴族たちは領地を守るために一族などを武装させ，国司に対抗した。	・朝廷の貴族の中で，下級の人たちが武芸を習って身分の高い人に仕えた。

❸【まとめ】探究的な学びへとつなげるふり返り（創り出す）

探究へつなぐ発問：2枚の写真は何を表しているかな？

授業のまとめでは，2冊の絵本をもとに特に力を付けた一族について考えます。実際に絵本を読みながら，金太郎は源氏の騎馬戦，一寸法師は平氏の舟を用いた戦術を想起できるようにしていきます。

評価のポイント

・②の場面について，武士のおこりを有力な農民や貴族，朝廷の下級貴族などの立場と関連づけて理解することができているか。

5 武家政治の始まり

2 『耳なし芳一』から見える平清盛の政治　（1時間構成）

板書

見方・考え方を働かせる授業デザイン

❶【導入】深い学びを生む「問い」（かかわる）

本時の問いへつなぐ発問：『耳なし芳一』からどんなことがわかるかな？

導入では、『耳なし芳一』の絵本を読み聞かせした上で、芳一と呼ばれる琵琶法師が平氏の亡霊に襲われる話であることを確認します。「『耳なし芳一』からどんなことがわかるかな？」。子どもたちは小学校での既習事項、そして前

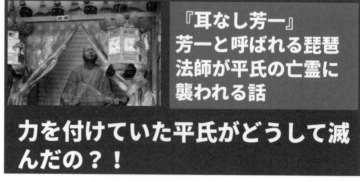

時の一寸法師の話から平氏が力を付けていたことを確認しているため、「力のあった平氏がどうして滅んだのか？」という疑問をもてるようにしました。

本時のねらい

【知識・技能】平氏政権が滅びた理由について，武士や貴族との関わりをもとに理解することができる。

❷ 【展開】社会的事象の意味を見出す協働（つながる）

思考をゆさぶる発問：平氏はなぜ滅ぼされたのか？

展開場面では，平清盛に関するクイズをもとに平氏が滅びた理由を追究します。クイズを通して，平清盛の政策が武士や貴族の不満へつながり，反発を招いたことを説明できるようにします。

【平清盛クイズ】
①娘を○○の后にして、政治を支配
②お金も欲しい！○○○○に港を開き、がっぽり儲けよう！
③平氏でなければ○ではない
④○○を５００以上平氏のものにした

❸ 【まとめ】探究的な学びへとつなげるふり返り（創り出す）

探究へつなぐ発問：平清盛の政治の中で，評価できるのはどこだろう？

授業のまとめでは，平清盛の政治についてふり返ります。現代からの視点で当時の政策の遅れを否定しがちですが，当然評価できる部分もあるはずです。例えば，平清盛が力を入れた貿易は，先進的な取り組みだと考えることができます。そこで，本時を通して考えてきた平清盛の政治について見つめ直す時間を位置づけることで，政治についてじっくりと考えられるようにします。

評価のポイント

・❷の問いについて，平清盛の政治と武士や貴族のつながりをもとに理解することができているか。

5 武家政治の始まり

3 頼朝が鎌倉を選んだ理由　　（1時間構成）

板書

見方・考え方を働かせる授業デザイン

❶【導入】深い学びを生む「問い」（かかわる）

本時の問いへつなぐ発問：この頃（鎌倉幕府が開かれた頃）の都はどこにあるかな？

　導入では、鎌倉幕府と朝廷の関係に着目します。1192年に源頼朝は征夷大将軍となり、鎌倉に武家政権を成立させました。しかし、当時の都は京都にあります。これまでの政治の拠点は京都をはじめとした近畿地方となっていました。それにもかかわらず、頼朝が選んだのは鎌倉です。こうした切り口をもとに本時の問いへつなげます。

　1192年
源頼朝が征夷大将軍に任命される。その後、鎌倉に武家政権を成立させる。

　↓しかし・・・

この頃の都は…京都！！

本時のねらい

【知識・技能】鎌倉に幕府が開かれた理由について話し合うことを通して、地形をもとに理解することができる。

❷【展開】社会的事象の意味を見出す協働（つながる）

> 思考をゆさぶる発問：都が京都にあるのに、なぜ頼朝は鎌倉に幕府を開いたのかな？

展開場面では、地形の側面に着目して話し合いを進めていきます。提示する写真は、「海の見える鎌倉の写真」「切り通しの写真」の2枚です。2枚の写真から海に面しているため攻められにくいこと、切り通しにより外部との往来がしにくいことについて説明できるようにします。

❸【まとめ】探究的な学びへとつなげるふり返り（創り出す）

> 探究へつなぐ発問：「畠山荘司平次郎重忠」って何？

授業のまとめでは、「畠山荘司平次郎重忠」と板書します。畠山重忠という鎌倉幕府の御家人が戦いの際に名乗る名前です。これは、「畠山という領地を支配している、平氏出身の者の次男、重忠」という意味を表しているそうです。非常に長い名前ですが、御恩と奉公の関係を学ぶことができるようにしました。

評価のポイント

・②の場面について、鎌倉の地形の特徴をもとに理解することができているか。

5 武家政治の始まり

4 140年続いた鎌倉幕府　　　　　　　　　　　　　　　　（1時間構成）

　板書

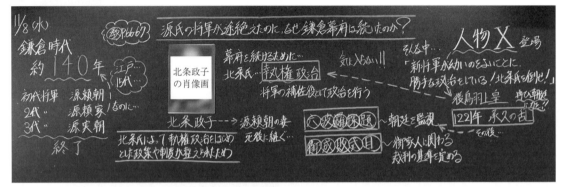

見方・考え方を働かせる授業デザイン

❶【導入】深い学びを生む「問い」（かかわる）

本時の問いへつなぐ発問：鎌倉時代は何年続いたのかな？

　導入では，鎌倉時代が何年間続いたのかという予想をきっかけに学習を進めました。鎌倉幕府は140年間続きましたが，源氏の将軍は3代までで，以降の将軍は源氏ではありません。こうした事実をもとに，本時の問いへつなげていきます。

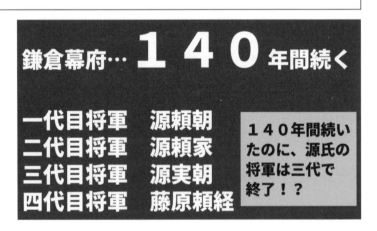

本時のねらい

【知識・技能】源頼朝の死後，北条氏が行った政治について理解することができる。

❷ 【展開】社会的事象の意味を見出す協働（つながる）

思考をゆさぶる発問：源氏の将軍が途絶えたのに，なぜ鎌倉幕府が続いたのか？

展開場面では，北条氏の政治に着目して問いの解決を目指します。北条氏の政治については小学校でも学習していますが，どのような政治が行われたのか説明できる子どもは多くありません。そこで，教科書をもとにキーワードを共有しながら，話し合いを進めていきます。

キーワード① 執権政治	キーワード② 御成敗式目
・将軍を補佐する執権の地位に就き，京都から貴族や皇族を将軍として迎え，御家人をまとめた。	・土地や年貢をめぐる争いが増えたため，御家人に関わる裁判を公平に行うための基準を定めた。

❸ 【まとめ】探究的な学びへとつなげるふり返り（創り出す）

探究へつなぐ発問：北条氏を倒そうとした人物Xは誰かな？

北条氏が政治を行っていた頃，人物Xが北条氏を倒そうとしたと伝えます。子どもたちは，手がかりをもとに後鳥羽上皇であることを確認します。その後，「なぜ後鳥羽上皇は兵を挙げたのか？」「その後幕府はどうしたのか？」などの問いをもとに，六波羅探題について確認します。

評価のポイント

・❷❸の場面について，頼朝の死後，北条氏がどのような政治を行ったのかについて理解することができているか。

5　武家政治の始まり

5　浄土真宗が広まったのはどうして？ （1時間構成）

　板書

見方・考え方を働かせる授業デザイン

❶【導入】深い学びを生む「問い」（かかわる）

本時の問いへつなぐ発問：「浄土真宗の寺院は ? よりも多い」… ? に当てはまるのは？

　導入では，浄土真宗の寺院の数に着目します。新しい仏教を開いた人たちを確認した上で，クイズ形式で右の資料のような問題を出します。「？」に当てはまるのはセブンイレブンです。

Q.どんな言葉が当てはまるかな？

親鸞が開いた浄土真宗の寺院は「　？　」の数よりも多い

答えを確認したのちに，簡単にその理由を予想する活動を位置づけた上で本時の問いへつなげます。

本時のねらい

【思考・判断・表現】浄土真宗が広く普及した理由について，浄土真宗の考え方をもとに説明することができる。

❷ 【展開】社会的事象の意味を見出す協働（つながる）

思考をゆさぶる発問：なぜ浄土真宗の寺院はたくさんあるのか？

展開場面では，二択のクイズを通して問いを追究していきます。クイズを通して，浄土真宗の特徴を話し合います。実際の授業では，「誰もが信仰しやすい」「手軽に唱えるだけで信仰できる」などの特徴を見出す姿が見られました。

```
Q1
ア  何百回も念仏を唱えれば救われる
イ  心を込めた一回の念仏を唱えれば
    救われる
Q2
ア  狩りで生き物を殺しても大丈夫
イ  絶対に生き物を殺してはいけない
Q3
ア  善人が救われる
イ  悪人こそが救われる
```

❸ 【まとめ】探究的な学びへとつなげるふり返り（創り出す）

探究へつなぐ発問：鎌倉時代には，なぜ新しい仏教が多く生まれたのかな？

授業のまとめでは，「鎌倉時代には，なぜ新しい仏教が多く生まれたのかな？」と問います。飢饉に関する『餓鬼草紙』を提示し，人口の３割が亡くなる飢饉が起こったことを確認します。新しい仏教が広まった背景に，こうした飢饉が関係していることを子どもから引き出します。

評価のポイント

・②③の場面について，クイズをもとに浄土真宗の特徴から広く普及した理由を説明することができているか。

6　武家政治の変化

1　元が日本にやってきた！　　　　　　　　　　　　　（1時間構成）

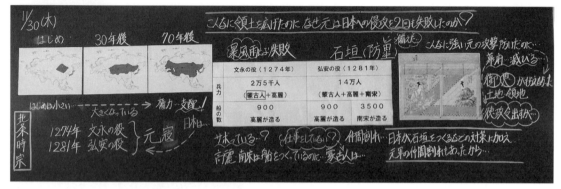

見方・考え方を働かせる授業デザイン

❶【導入】深い学びを生む「問い」（かかわる）

本時の問いへつなぐ発問：（3枚の地図を見て）どんなことがわかるかな？

　導入では，元が支配していた範囲の変遷を提示します。変遷を提示すると，子どもたちは一目で領土が広がっていることに気付くと考えます。その上で，「どんな方向に領土が広がっているかな？」と問い返します。すると，西側に領土が広がっていることに気付くでしょう。それにもかかわらず，日本は支配されなかったことに着目し，本時の問いへつなげます。

  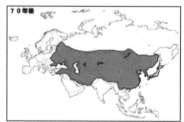

本時のねらい

【思考・判断・表現】元が日本への侵攻を失敗した理由について，日本の地理的条件，元寇に関わった元軍の状況をもとに説明することができる。

❷【展開】社会的事象の意味を見出す協働（つながる）

> 思考をゆさぶる発問：こんなに領土を広げたのに，なぜ元は日本の侵攻を失敗したのかな？

小学校では暴風雨や防塁により日本は元の侵攻を防いだと学んでいます。その上で，日本の地理的位置や右の表から蒙古人以外が日本の侵攻に携わったことなどをもとに，問いの解決を目指します。

	文永の役（1274年）	弘安の役（1281年）	
兵力	2万5千人 （蒙古人＋**高麗**）	14万人 （蒙古人＋**高麗**＋**南宋**）	
船の数	900 **高麗**が造る	900 **高麗**が造る	3500 **南宋**が造る

日本の地理的条件	元寇に関わった元軍の内訳
・（蒙古襲来絵詞を見て）元は馬に乗っていないことがわかる。日本は島国なので，元の得意な馬を用いた集団戦法ができなかったのではないかと考えられる。	・高麗や南宋の人も攻めてきたり，船を高麗や南宋が造ったりしている。 ・南宋や高麗の人は支配された側のため士気が低い。

❸【まとめ】探究的な学びへとつなげるふり返り（創り出す）

> 探究へつなぐ発問：元の侵略を防ぐことができたのに，なぜ幕府の力は衰えたのかな？

授業のまとめでは，「これだけ強い元の侵攻を防いだのだから，この後鎌倉幕府は発展していったんだよね？」と問いかけます。子どもたちは小学校での知識もあることから否定すると考えます。そこで，竹崎季長が役人に訴える場面を提示し，滅亡の理由を追究していきます。

評価のポイント

・❷の場面について，地理的側面や元軍の状況を関連づけながら説明することができているか。

6　武家政治の変化

2　武士を味方につけたのは誰？

（1時間構成）

見方・考え方を働かせる授業デザイン

❶ 【導入】深い学びを生む「問い」（かかわる）

本時の問いへつなぐ発問：「悪党」ってどんな人たちかな？

導入では，「悪党」の言葉のイメージを考えます。楠木正成をはじめとした悪党は後醍醐天皇が鎌倉幕府を滅ぼすために重要な人物です。そんな悪党を味方につけた後醍醐天皇の建武の新政がわずか2年あまりで終わった理由に着目します。子どもたちとのやりとりを以下に示します。

T：「悪党」ってどんな人たちかな？
S：よくないことをしてそう。
S：盗みや泥棒とかをしてそう。
T：悪党は幕府や荘園領主に反抗する武士のことです。悪党を味方につけたのが後醍醐天皇です。建武の新政を行いましたが，わずか2年あまりで終わってしまいました。
S：意外と短い…。

本時のねらい

【知識・技能】建武の新政が2年あまりしか続かなかった理由について，建武の新政の仕組みをもとに理解することができる。

❷ 【展開】社会的事象の意味を見出す協働（つながる）

思考をゆさぶる発問：なぜ建武の新政は2年で終わったのかな？

展開場面では，建武の新政が2年あまりで終わった理由に迫ります。天皇中心の政治だったため，武士の不満を招きました。こうした建武の新政に対し，足利尊氏は国々の武士のまとめ役である守護を味方につけました。「守護を味方にするためには，みんなら何をプレゼントするかな？」と問いかけた上で，荘園の年貢の半分を与えたことを確認します。

建武の新政

天皇を中心の政治だったため、武士の不満を招いた。

【足利尊氏の政治】

守護に荘園の年貢の半分を与え、守護を味方につけた。

❸ 【まとめ】探究的な学びへとつなげるふり返り（創り出す）

探究へつなぐ発問：なぜ足利義満は坊主なのかな？

授業のまとめでは，足利義満の肖像画をもとに，義満がどのような政治を目指したのか確認します。義満は将軍でしたが，子にその地位を譲った後も太政大臣として，出家をして僧（坊主）として政治の実権を握りました。肖像画を切り口に武家・公家・僧に対し強い権限を振るったことがみえてきます。

評価のポイント

・❷の問いについて，天皇や武士の立場を踏まえて理解することができているか。

6 武家政治の変化
3 『一寸法師』と下剋上
（1時間構成）

板書

見方・考え方を働かせる授業デザイン

❶【導入】深い学びを生む「問い」（かかわる）

本時の問いへつなぐ発問：『一寸法師』にはどんなテーマが隠されているかな？

『一寸法師』は多くの子が知っている物語で，小さな一寸法師が都に行って手柄を立て，権力を手に入れるという話です。この物語を歴史学習とつなげていくために，導入では，『一寸法師』の４つの場面の並び替えの活動を位置づけました。並び替えの活動を通して，この場面に一体どのようなテーマが隠されているのかイメージできるようにしました。

本時のねらい

【思考・判断・表現】『一寸法師』と室町時代のつながりについて話し合うことを通して，下剋上について説明することができる。

❷ 【展開】社会的事象の意味を見出す協働（つながる）

思考をゆさぶる発問：『一寸法師』と室町時代にはどんな関係があるのかな？

展開場面では，『一寸法師』の話の内容と室町時代の出来事を照らし合わせていきます。「応仁の乱」「一向一揆」などのキーワードをもとに話し合うことを通して，下剋上とのつながりを見出していきます。子どもたちとのやりとりを以下に示します。

S：『一寸法師』は「応仁の乱」「一向一揆」などの争いと関係していると思う。
T：同じように「応仁の乱」や「一向一揆」に着目した人はいるかな？
S：（生徒数名挙手）
T：どうしてSさんはこの言葉に着目したの？
S：応仁の乱では地方の武士や民衆が力を付けたし，一向一揆では信者が守護大名を倒したことと『一寸法師』とつながっていると思う。
S：もともとの権力では，不利な人たちが有利な人たちに勝ったことが応仁の乱や一向一揆でも似ていて，『一寸法師』が鬼に勝つこととつながっているんじゃないかな？
T：一寸法師と室町時代にはどんな関係があるのか，近くの人と自分の言葉で確認しよう。
S：『一寸法師』も初めは弱かったけど，鬼に勝って力を付けた。応仁の乱と一向一揆でもそれまで力がそこまでなかった人が力のある人たちに勝った。
T：みんなが話してくれたように，室町時代には下位の者（一寸法師）が上位の者（鬼）に実力で打ち勝って地位を奪う，下剋上が社会全体に広がりました。

❸ 【まとめ】探究的な学びへとつなげるふり返り（創り出す）

探究へつなぐ発問：下剋上は当時の世の中にどのような影響を与えたのかな？

授業のまとめでは，下剋上が与えた影響を考えます。下剋上の広がりは戦国大名の出現へとつながったことを確認し，『一寸法師』という昔話から社会的事象のつながりを見出していきます。

評価のポイント

・❷❸の場面について，応仁の乱や一向一揆とのつながりをもとに説明することができているか。

2章　見方・考え方を働かせる！中学歴史授業づくりの教科書　板書＆展開プラン　61

6 武家政治の変化

4 金閣のよさと銀閣のよさ

（1時間構成）

板書

見方・考え方を働かせる授業デザイン

❶ 【導入】深い学びを生む「問い」（かかわる）

本時の問いへつなぐ発問：（金閣・銀閣を提示）室町文化を一言で表すとどんな文化かな？

　導入では，金閣と銀閣の写真を提示します。多くの子がどちらも写真などで見たことがあると考えます。この2枚の写真を見た上で，室町文化のイメージを一言で表します。どちらも寺院ということもあり，実際の授業では，

「日本らしさがあるから和のイメージ」などの反応がありました。「平安時代との違いは？」などと問い返しながら，室町文化のイメージを膨らませられるよう働きかけながら本時の問いへつなげていきます。

本時のねらい

【知識・技能】室町文化の特色について，室町時代の建造物や作品をもとに理解することができる。

❷ 【展開】社会的事象の意味を見出す協働（つながる）

思考をゆさぶる発問：室町文化にはどのような特色があるのかな？

　展開場面では，銀閣に着目します。「金閣は金色なのに，なぜ銀閣は銀色ではないのかな？」と問うことで，前時とのつながりから「応仁の乱」などの争いの影響により幕府の政治も安定してなかったことについて説明する姿を目指します。銀閣が銀色ではない理由については，他にも「建物に塗った黒漆が光り銀色に見えた」「軒下に銀を貼ることで池に反射した月光の再反射で室内を照らした」などの説があるので，教師から伝えると見方が広がると考えます。

　その上で，足利義満が将軍の頃の文化を北山文化，足利義政が将軍の頃の文化を東山文化と呼ぶことを確認します。

❸ 【まとめ】探究的な学びへとつなげるふり返り（創り出す）

探究へつなぐ発問：東山文化は残念な文化なのかな？

　授業のまとめでは，「東山文化は残念な文化なのかな？」と問いかけます。実際の授業では「そんなことはない！」と反応があったため，その理由を話し合いました。東山文化に代表される「書院造」は現代の和室にもつながる奥深さがあります。

ICTを活用して書院造に水墨画を掛け合わせた雰囲気を感じさせてもよいと考えます。

評価のポイント

・❷❸の場面について，北山文化・東山文化の建造物や作品をもとにしながら室町文化の特色を理解することができているか。

7 結び付く世界

1 どうしてこんなにキリスト教信者が増えたの？（1時間構成）

📷 板書

見方・考え方を働かせる授業デザイン

❶ 【導入】深い学びを生む「問い」（かかわる）

本時の問いへつなぐ発問：何の数を表しているかな？

導入では，ある数の推移を提示します。1551年から段階的に提示していくとその増え方に驚く子は多くいるかと思いますが，まだ答えはわからないと考えます。そこで，キリシタン大名の一人である高山右近の肖像画を

Q.何の数かな？

1551年	1000〜1500人
1570年	30000人
1579年	100000人
1582年	150000人
1587年	200000人
1605年	750000人

提示します。実際の授業では，手に十字架を持っていることに気付き，キリスト教の信者数と導き出しました。同様に鉄砲の推移も示し，本時の問いへつなげていきます。

本時のねらい

【思考・判断・表現】 キリスト教や鉄砲が広まった理由について，ルネサンス・宗教改革・大航海時代などの出来事を関連づけて説明することができる。

❷ 【展開】社会的事象の意味を見出す協働（つながる）

> **思考をゆさぶる発問**：キリスト教や鉄砲と３つの出来事はどのようなつながりがあるかな？

　展開場面では，導入での疑問をもとに外国の視点から，ロイロノートを活用して追究できるようにしました。着目する出来事は「ルネサンス」「宗教改革」「大航海時代」の３つです。板書については，生徒が調べたことを共有しながら整理していきました。

なぜこんなにもキリスト教や鉄砲が日本に広まったのか？			
	ルネサンス	**宗教改革**	**大航海時代**
【外国】を視点に考える	ビザンツ帝国やイスラム世界との貿易で栄えたイタリアの都市では，神を中心とする考え方にとらわれない，人間らしい個性や自由を求める新しい文化ができた。古代のギリシャやローマの文化を模範として復興させたことでルネサンスとよばれ，16世紀のヨーロッパに広がっていた。ルネサンスはレオナルド＝ダ＝ビンチなどの多くの芸術家を生み出したり，科学技術の発達にも大きな影響を与えました。	カトリック協会の腐敗を正そうと，宗教家たちにより，宗教革命が始まりました。宗教革命を支持する人々はカトリック協会から離れ，プロテスタント（抗議する者）とよばれるようになりました。	ヨーロッパでは香辛料などのアジアの特産物が高価で貴重なものだったので，海路で直接アジアに行き，香辛料を手に入れようとしました。特にポルトガルとスペインは商業目的だけではなく，キリスト教の布教の目的も持っていたので，新たな航路の開拓を競い合うようになった。そのうち，植民地を世界各地に築き莫大な利益を得た。ちなみに，ポルトガルが日本に貿易をする理由として当時，世界の三分の一を日本で生産されていた銀を交換することで，ポルトガルが大きな利益をあげました。種子島に鉄砲を伝えたのはそうした貿易に携わっている人たちでした。
キーワード：ルネサンス、宗教革命、プロテスタント、香辛料、キリスト教、植民地、銀			

❸ 【まとめ】探究的な学びへとつなげるふり返り（創り出す）

> **探究へつなぐ発問**：キリスト教や鉄砲が広がったことを大名はどう思っていたのかな？

　授業のまとめでは，大名の視点からキリスト教や鉄砲の普及について考えます。この後，キリスト教や鉄砲がきっかけとなって起きた出来事はいくつもあります。この段階で大名たちはどのように思っていたのか整理することで，本時と次時以降の学びにつながりが生まれると考えます。

評価のポイント

・②③の場面について，ルネサンス・宗教改革・大航海時代を関連づけながら説明することができているか。

2章　見方・考え方を働かせる！中学歴史授業づくりの教科書　板書＆展開プラン

7　結び付く世界

2　南蛮貿易と日本地図　　　　　　　　　　　　（1時間構成）

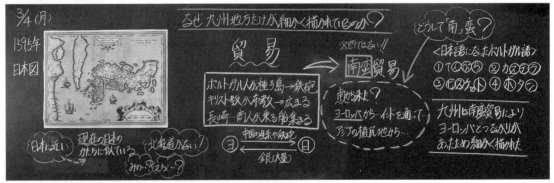

見方・考え方を働かせる授業デザイン

❶【導入】深い学びを生む「問い」（かかわる）

本時の問いへつなぐ発問：（日本地図を見て）どんなことがわかるかな？

　導入では，1595年にヨーロッパの人が描いたとされる日本地図を提示しました。「どんなことがわかるかな？」と子どもたちに問うと次のような反応がありました。

・九州だけは島の数もすごく多いけど，地図帳を見ると今の日本地図と比べても正確に描かれている。

　こうした子どもの気付きをもとに，本時の問いへつなげていきました。

本時のねらい

【思考・判断・表現】ヨーロッパの人が描いた日本地図において九州が細かく描かれている理由について，南蛮貿易をはじめとした日本とヨーロッパとの交流をもとに説明することができる。

❷ 【展開】社会的事象の意味を見出す協働（つながる）

思考をゆさぶる発問：なぜ九州地方だけが細かく描かれているのかな？

展開場面では，「貿易」という言葉をもとに問いを解決していきます。南蛮貿易では，オランダをはじめ多くのヨーロッパの人たちが日本へやってきました。九州を起点に多くの人が日本に来たからこそ，細かく描かれていたのだと考えられます。子どもたちとのやりとりを以下に示します。

S：この頃に南蛮貿易が行われていたみたいだ。
T：南蛮貿易と地図はどんな関係があるのかな？
S：貿易をしに九州地方にやってきたから，九州が細かいんじゃないかと思う。
S：逆に，九州地方以外には訪れる機会が少なかったから，形が違う地図になっているんじゃないかな？

❸ 【まとめ】探究的な学びへとつなげるふり返り（創り出す）

探究へつなぐ発問：日本語になったポルトガル語にはどんな言葉があるかな？

授業のまとめでは，日本語になったポルトガル語のクイズをします。クイズを通して，当時の生活が現代の生活につながっていることに気付くことができるようにしました。

【日本語になったポルトガル語クイズ】
① て○○○ ② カ○○○
③ ○○○ッ○ ④ ○タ○

評価のポイント

・②③の問いについて，貿易などヨーロッパの人たちとのつながりをもとに説明することができているか。

2章　見方・考え方を働かせる！中学歴史授業づくりの教科書　板書＆展開プラン　67

8　天下統一への動き
1　信長は良い人？悪い人？　　　　　　　　　　　　　　　（1時間構成）

　板書

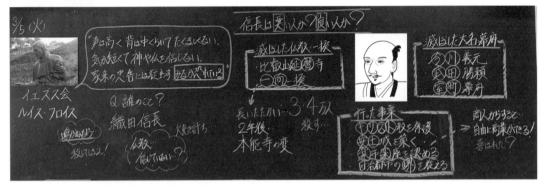

見方・考え方を働かせる授業デザイン

❶【導入】深い学びを生む「問い」（かかわる）

本時の問いへつなぐ発問：ルイス・フロイスは誰のことを言っているのかな？

　導入では，ルイス・フロイスの言葉を読み上げます。実際の授業では，多くの子が織田信長のことであると気付きました。「どうしてそう思ったのかな？」と問うと，「『鳴かぬなら　殺してしまえ　ホトトギス』という言葉が有名だから，『みなが恐れている』という部分とつながると思った」「焼き討ちにしたと小学校で習った」など，具体的なエピソードと関連づけながら，話し合う姿が見られました。こうした気付きをもとに本時の問いへつなげます。

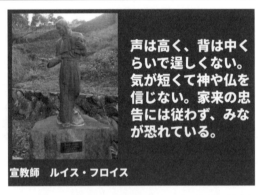

声は高く，背は中くらいで逞しくない。気が短くて神や仏を信じない。家来の忠告には従わず，みなが恐れている。

宣教師　ルイス・フロイス

参考文献：加藤好一『探究を生む歴史の授業（上）』（地歴社）

本時のねらい

【知識・技能】ルイス・フロイスが述べる織田信長像について話し合うことを通して，織田信長の政策について理解することができる。

❷ 【展開】社会的事象の意味を見出す協働（つながる）

思考をゆさぶる発問：織田信長は悪い人か？　良い人か？

展開場面では，判断する基準をもちやすくするために「滅ぼした仏教勢力・一揆」「行った事業」「滅ぼした戦国大名・幕府」の3つの観点で織田信長の政策などを整理しました。この段階で小さな選択・判断の場面を位置づけました。例えば，楽市楽座を認めるなどの事業を行いました。そこで，「商人はどう思っただろう？」と投げかけ，その立場で考えられるようにします。

滅ぼした仏教勢力・一揆	行った事業	滅ぼした戦国大名・幕府
・比叡山延暦寺 ・一向一揆	・キリスト教を保護。 ・安土城を築く。 ・楽市楽座を認める。 ・自治都市の堺を従える。	・今川義元 ・武田勝頼 ・室町幕府

❸ 【まとめ】探究的な学びへとつなげるふり返り（創り出す）

探究へつなぐ発問：（改めて…）織田信長は悪い人かな？　良い人かな？

授業のまとめでは，問いに対して自分の考えを記述します。自分の考えをロイロノートで提出する際，悪い人＝青のテキスト，良い人＝ピンクのテキストで提出することで，立場を見える化できるようにしました。

> ・楽市楽座や、キリスト教を保護したりしていたので、商人などには喜ばれる政策もとっていたけれど、やっぱり、比叡山延暦寺を焼き討ちにし、明智光秀に背かれる、（恨まれていた？）人を殺したりするなど、非人道的なこともやってのける性格の持ち主だと思うので、悪い人だと思う。
>
> 3月5日(火) 13:21

> 信長はやっぱりいい人だな思います。なぜかというと、さっきのカードでも述べた通り、信長の楽市楽座によって、今の社会の経済が成り立っていたりするので、いい人だ思いました。
>
> 3月5日(火) 13:22

評価のポイント

・②③の場面について，織田信長の政策をもとに話し合ったり記述したりして理解することができているか。

2章　見方・考え方を働かせる！中学歴史授業づくりの教科書　板書＆展開プラン　69

8 天下統一への動き

2 秀吉は良い人？悪い人？ （1時間構成）

📋 板書

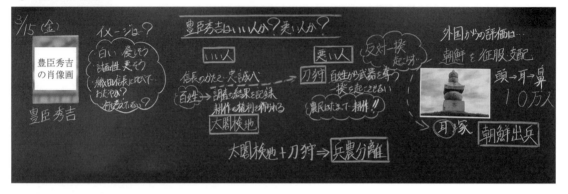

見方・考え方を働かせる授業デザイン

❶【導入】深い学びを生む「問い」（かかわる）

本時の問いへつなぐ発問：この人物は誰かな？

導入では，豊臣秀吉の名前を伏せて，名言から人物を予想する活動を位置づけます。実際の授業では「日本全国」という言葉から天下統一をイメージし，豊臣秀吉だと答える子もいました。その上で，前時の織田信長と対比しながら，豊臣秀吉のイメージを共有し，本時の問いへつなげていきました。

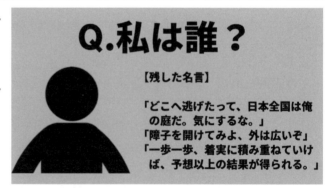

本時のねらい

【知識・技能】豊臣秀吉の政治について話し合うことを通して，豊臣秀吉の政策を理解することができる。

❷ 【展開】社会的事象の意味を見出す協働（つながる）

> 思考をゆさぶる発問：豊臣秀吉は良い人か？　悪い人か？

展開場面では，「太閤検地」や「刀狩」などの政策をもとにして，問いに対する自分の考えを述べる活動を位置づけました。本時では，子どもたちがさまざまな立場で考えることができるよう，あえて主語を指定せずに話し合いを行いました。

実際の授業では，織田信長の部下として豊臣秀吉の行動を考えたり，刀狩りをされる百姓の立場で考えたりする姿が見られました。こうしてそれぞれの立場に思いを馳せる姿は，多角的に考察する姿と言えます。ペア，グループ，全体交流などの中で，社会的事象の意味を確認しつつも，それぞれが自分事として表現できるような場面にしていきます。

❸ 【まとめ】探究的な学びへとつなげるふり返り（創り出す）

> 探究へつなぐ発問：「障子を開けてみよ，外は広いぞ」の「外」ってどこだろう？

授業のまとめでは，導入で取り上げた「障子を開けてみよ，外は広いぞ」という名言に立ち戻りました。「『外』ってどこだろう？」と問いかけた上で，「耳塚」の写真を提示します。「耳塚」は戦功のしるしとして朝鮮軍民男女の鼻や耳を日本へ持ち帰ったとされています。文禄・慶長の役で日本でも朝鮮でも多くの人が苦しんだことを確認することで，多面的に秀吉の政治について考えます。

評価のポイント

・❷❸の問いについて，太閤検地や刀狩などの政策をもとに理解することができているか。

8　天下統一への動き
3　桃山文化とわび・さび
(1時間構成)

　板書

見方・考え方を働かせる授業デザイン

❶【導入】深い学びを生む「問い」（かかわる）

本時の問いへつなぐ発問：（資料を比べて）おかしいところはどこかな？

　導入では、東京オリンピック開催が決定したときの滝川クリステルさんのスピーチ映像を視聴します。「おもてなし」の精神は、茶の湯の作法として受け継がれたものだと考えられています。その上で、同じ時代に流行ったものとして『唐獅子図屏風』や、豊臣秀吉の「黄金の茶室」の写真を提示します。利休がつくった茶室とイメージが大きく異なるため、子どもたちに「おかしいところはどこかな？」と問い、印象の違いを引き出し、本時の問いへつなげます。

落ち着きがある　　豪華・華やか

本時のねらい

【思考・判断・表現】桃山文化の作品を比較する活動を通して，桃山文化の特色を説明することができる。

❷【展開】社会的事象の意味を見出す協働（つながる）

思考をゆさぶる発問：派手なものが好まれた時代に，なぜ茶の湯が流行したのかな？

展開場面では，導入で取り上げた利休の茶室と『唐獅子図屏風』「黄金の茶室」と当時の時代背景を関連づけながら，桃山文化の特色を見出していきます。実際の授業では，「戦い」「騒がしさ」をキーワードにしながら話し合いを進める姿が見られました。当時は戦乱の世の中であったため，そうした空間から離れ，落ち着きを求める人もいたことで，茶の湯が流行したと言われています。こうした時代背景をもとに，当時の人たちが感じたよさについて考えていきました。

戦いなどの騒がしさから離れ、心を落ち着け、深い味わいを求めた

権力や富をもつ戦国大名や豪商たちの豪華さや力強さを表した

❸【まとめ】探究的な学びへとつなげるふり返り（創り出す）

探究へつなぐ発問：桃山文化とはどのような文化だろう？

授業のまとめでは，子どもたちの言葉で桃山文化の特色を整理します。実際の授業では，『唐獅子図屏風』「黄金の茶室」の"豪華さ"，利休の茶の湯をはじめとした"わび・さび""落ち着き"に着目して本時の学びを整理する姿が見られました。

評価のポイント

・❷❸の場面について，桃山文化のそれぞれの作品などのよさに着目し，桃山文化の特色を説明することができているか。

9　幕藩体制の確立と江戸幕府のしくみ

1　江戸時代は平和？　　　　　　　　　　　　　　　　　　　（1時間構成）

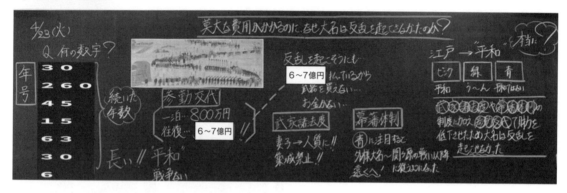

見方・考え方を働かせる授業デザイン

❶【導入】深い学びを生む「問い」（かかわる）

本時の問いへつなぐ発問：これらは何の数字かな？

　導入では、いくつかの数字を取り上げます。「何の数字かな？」と問い、数字だけ羅列した資料を提示します。数字だけではイメージがわかない子もいるため、「『6』には令和がつくよ」などとヒントを出すと、戦国時代から令和時代まで何年間その時代が続いたのか表していることに気付くと考えます。こうして数字を比べると江戸時代の「260年間」という数字は圧倒的です。その上で、参勤交代の金額を確認します。260年間という長く続いた江戸時代に、大名たちは参勤交代で6〜7億円もの支出があったことをもとに、本時の問いへつなげます。

30　260　45　15　63　30　6

本時のねらい

【知識・技能】江戸時代が長く続いた理由を話し合うことを通して，幕藩体制などの制度について理解することができる。

❷ 【展開】社会的事象の意味を見出す協働（つながる）

思考をゆさぶる発問：莫大な費用がかかるのに，なぜ大名は反乱を起こさなかったのか？

展開場面では，「参勤交代」「武家諸法度」「幕藩体制」の３つのキーワードをもとに追究していきます。江戸幕府では，ひとつの政策だけではなく，いくつかの政策を通して大名たちに働きかけています。キーワードをもとにしつつ，それぞれの政策がどのように関連し，大名たちにどのような影響を与えているのか引き出しながら話し合いを進めていきます。

参勤交代	武家諸法度	幕藩体制
大名の経済力・軍事力を抑制・削減した。	大名の行動を取り締まり，反乱を起こせないようにした。	江戸幕府における幕府と藩によって全国を支配した。
諸政策を通して，大名の力を弱体化させた。		

❸ 【まとめ】探究的な学びへとつなげるふり返り（創り出す）

探究へつなぐ発問：約260年間続いた江戸幕府は本当に平和と言えるのかな？

授業のまとめでは，問いに対して自分の考えを記述します。自分の考えをロイロノートで提出する際，それぞれテキストの色を「平和＝ピンク」「どちらとも言えない＝緑」「平和ではない＝青」で

あまり平和ではないと思います。なぜならば，参勤交代に行ってる人とかは制度のせいで参勤交代に行かないといけなく，参勤交代に行っている人は嫌だけれど反抗できなく我慢している状態だから。

戦争が起きていないという言葉上の意味では「平和」だといえるのかもしれないけど，大名たちの目線で考えると，ただ財力がなくなっていくだけの参勤交代という負担を背負っていたし，自分の大切な家族が人質になっていることから，争いがいつ起きてもおかしくないからです。

提出することで，立場を見える化できるようにしました。

評価のポイント

・❷❸の場面について，諸政策を踏まえて話し合ったり記述したりして理解することができているか。

2章　見方・考え方を働かせる！中学歴史授業づくりの教科書　板書＆展開プラン

9 幕藩体制の確立と江戸幕府のしくみ

2 鎖国中なのに貿易?!
（1時間構成）

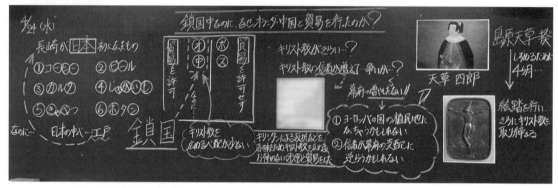

見方・考え方を働かせる授業デザイン

❶【導入】深い学びを生む「問い」（かかわる）

本時の問いへつなぐ発問：どんな仲間分けかな？

　導入では，長崎が日本初となったもののクイズをします。その上で，日本の中心が江戸であるにもかかわらず，長崎が初になった理由を考える視点として，資料のような仲間分けを行います。「許可」「禁止」の枠

Q.どんな仲間分けかな？

【許可】	【禁止】
・オランダ ・中国	・ポルトガル ・スペイン

に，1ヶ国ずつ「オランダはどっちのグループかな？」と問いかけながら，仲間分けしていきます。仲間分けをしながら，子どもたちは少しずつ鎖国が関係していることに気付くと考えます。その上で，鎖国をしていたにもかかわらず，長崎でオランダや中国と貿易をしていたことに着目して本時の問いへつなげます。

本時のねらい

【思考・判断・表現】鎖国中にオランダや中国と貿易を行った理由について，キリスト教徒と幕府のつながりをもとに説明することができる。

❷【展開】社会的事象の意味を見出す協働（つながる）

思考をゆさぶる発問：鎖国中なのに，なぜオランダや中国と貿易を行ったのかな？

展開場面では，「キリスト教」に着目して問いの解決を目指します。実際の授業では，キリスト教と江戸幕府のつながりに着目して話し合いを進めました。子どもたちとのやりとりを以下に示します。

T：「キリスト教」という言葉を手がかりにしている人がたくさんいるみたいだね。みんな同じ使い方をしているのかな？　近くの人と確認してみよう。
S：（話し合い後）キリスト教を幕府が恐れていたことが関係していると思う。
S：キリスト教の信者を増やしたくなかった幕府だけど，オランダや中国は信頼していた。
T：え？　なんで信頼していたの？
S：ポルトガルやスペインと違ってキリスト教を広める心配がなかった！
S：キリスト教を広める心配がないから，ヨーロッパの植民地になる可能性も低いと考えた？

❸【まとめ】探究的な学びへとつなげるふり返り（創り出す）

探究へつなぐ発問：キリスト教の信者たちはどうしたのかな？

キリスト教信者が追いやられた事実について展開場面で確認した上で，「キリスト教の信者たちはどうしたのかな？」と問います。子どもたちは「処罰された」などの予想を挙げると考えます。本時では『元和の大殉教図』を提示し，キリスト教信者が火あぶりにされた出来事を確認しました。こうして絵踏に加え，キリシタンの弾圧が行われたことについて知ることができるようにします。

評価のポイント

・❷❸の問いについて，キリスト教と幕府のつながりに着目して自分の考えを述べ，説明することができているか。

9　幕藩体制の確立と江戸幕府のしくみ

3　田沼意次だけ仲間外れ?!①

（1時間構成）

板書

見方・考え方を働かせる授業デザイン

❶【導入】深い学びを生む「問い」（かかわる）

本時の問いへつなぐ発問：どんな違いがあるかな？

　導入では，徳川吉宗・松平定信・水野忠邦と田沼意次の違いに着目します。教科書において，徳川吉宗・松平定信・水野忠邦の3人は改革と記載されているのに対し，田沼意次だけ「田沼の政治」と記載されています。実際の授業では，教科書をめくりながら謎解きのように違いを見出す姿が見られました。本時では，その違いに着目し，本時の問いへつなげていきます。

Q.どんな違いがあるかな？

本時のねらい

【知識・技能】徳川吉宗・田沼意次・松平定信・水野忠邦が行った政治について理解することができる。

❷ 【展開】社会的事象の意味を見出す協働（つながる）

思考をゆさぶる発問：なぜ田沼意次だけ「田沼の政治」と呼ばれているのかな？

展開場面では，田沼意次だけが「田沼の政治」と呼ばれている理由を予想します。多くの子が「田沼意次だけ政治がうまくいかなかった」と予想しており，学習について予備知識がある子だけではなく，予備知識がない子たちも田沼意次に負の側面があるのではないかと予想していたことが印象的です。予想に対して「本当にそうなのかな？」などと問い返しながら，次の学習活動へつなげました。

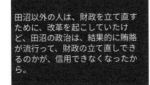

田沼以外の人は，財政を立て直すために，改革を起こしていたけど，田沼の政治は，結果的に賄賂が流行って，財政の立て直しできるのかが，信用できなくなったから。

予想
なにかがあって政治が乱れたから
↓
批判されたみたいな

～予想～
三人は政治がうまくいって幕府の財政悪化を改善させることができたけども，田沼だけは三人のようにうまく改善をすることができなかったから。

田沼の政治は他の改革と比べて支持率が低かったのだと思う

❸ 【まとめ】探究的な学びへとつなげるふり返り（創り出す）

探究へつなぐ発問：3人の改革と田沼の政治にはどのような違いがあるのかな？

授業のまとめでは，徳川吉宗・松平定信・水野忠邦と田沼意次の違いを見出していくために，政治の内容を整理する活動を位置づけました。本時では，ジグソー学習を取り入れ，4人グループでそれぞれ一人の政治についてまとめ，自分が調べた内容を共有できるようにしました。

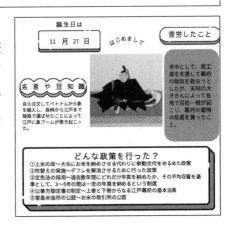

評価のポイント

・❸の場面について，4人の政治の特色を理解することができているか。

9 幕藩体制の確立と江戸幕府のしくみ

4 田沼意次だけ仲間外れ?! ②

（1時間構成）

板書

見方・考え方を働かせる授業デザイン

❶【導入】深い学びを生む「問い」（かかわる）

本時の問いへつなぐ発問：徳川・田沼・松平・水野の4人はどんな政治をしたのかな？

導入では，前時の終末の学習内容をもとに相違点を見出していきます。板書にそれぞれの政治の違いが際立つように位置づけました。

本時のねらい

【思考・判断・表現】徳川吉宗・田沼意次・松平定信・水野忠邦の4人の政策を比較することを通して，それぞれの政治の特色を説明することができる。

❷【展開】社会的事象の意味を見出す協働（つながる）

思考をゆさぶる発問：なぜ田沼意次だけが「田沼の政治」と呼ばれているのかな？

展開場面では，前時に予想したなぜ「田沼意次だけが『田沼の政治』と呼ばれているのかな？」について改めて考えます。実際の授業では，わいろに着目するだけではなく，改革と呼ばれる政治をした3人は農業を重視したことに対し，田沼は商業を重視したことについて着目しながら違いを述べる姿が見られました。

❸【まとめ】探究的な学びへとつなげるふり返り（創り出す）

探究へつなぐ発問：田沼の商業政策は失敗だったのかな？

授業のまとめでは，「田沼の政治」について評価する場面を位置づけました。わいろ自体は良くないものではありますが，評価できるポイントはあると考えます。そうした部分にも目を向けていくために，本時では「田沼の政治」と向き合う場面を位置づけました。

評価のポイント

・❷❸の場面について，4人の政策を比較した上で，政治の特色を説明することができているか。

9 幕藩体制の確立と江戸幕府のしくみ

5 どうやってゴッホは浮世絵を知ったの？ （1時間構成）

板書

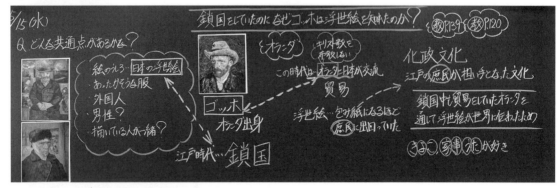

見方・考え方を働かせる授業デザイン

❶【導入】深い学びを生む「問い」（かかわる）

> 本時の問いへつなぐ発問：（2枚の絵画を提示して）どんな共通点があるかな？

　導入では、ゴッホの『タンギー爺さん』『耳を切った自画像』という2枚の作品を提示します。「どんな共通点があるかな？」と問いかけた上で、子どもたちが1人1台端末でじっくり見ることができる時間を確保しました。子どもたちは絵の背景に着目し、どちらも日本の絵が描かれていることに気付きました。鎖国中にゴッホはどのように浮世絵を知ったのかという視点で本時の問いにつなげました。

本時のねらい

【思考・判断・表現】鎖国中にゴッホが浮世絵を知った理由を話し合うことを通して，化政文化の特色を説明することができる。

❷ 【展開】社会的事象の意味を見出す協働（つながる）

思考をゆさぶる発問：鎖国をしていたのに，なぜゴッホは浮世絵を知れたのか？

展開場面では，「ゴッホはオランダ出身」というヒントをもとに話し合いを進めました。鎖国とオランダのつながりを見出す中で，浮世絵が陶磁器の包み紙になっていたエピソードを紹介することで，化政文化の特色を見出すきっかけへとつなげていきます。子どもたちとのやりとりを以下に示します。

T：ゴッホはオランダ出身ということをヒントにして考えるとどうかな？
S：オランダと日本が交流があったってことか！
T：え？　鎖国中だよ？
S：だってオランダとは…（途中で止める）。
T：今言おうとしたことの続きを近くの人と話してみよう。
S：（話し合い後）鎖国中もオランダと中国とは貿易していたから，それでゴッホも浮世絵を知ったのかもしれない。
T：ゴッホは貿易の包み紙として使われていた浮世絵を見て，部屋に飾っていたそうです。包み紙になるくらい浮世絵は世間に広まっていました。

❸ 【まとめ】探究的な学びへとつなげるふり返り（創り出す）

探究へつなぐ発問：化政文化はどのような文化と言えるかな？

授業のまとめでは，化政文化の特色を子どもたちの言葉で整理できるようにします。展開場面を通して，「化政文化はどのような文化と言えるかな？」と問い，「浮世絵の包み紙」から庶民の間に文化が広まったことを説明できるようにしていきます。

評価のポイント

・②③の問いについて，ゴッホと浮世絵のつながりを見出す中で，化政文化の特色を説明することができているか。

2章　見方・考え方を働かせる！中学歴史授業づくりの教科書　板書＆展開プラン　83

10　近代世界の確立

1　絶対王政を行っていた国王に何があったの？！ (1時間構成)

板書

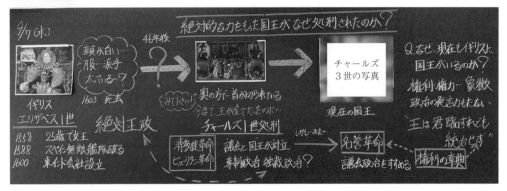

見方・考え方を働かせる授業デザイン

❶【導入】深い学びを生む「問い」（かかわる）

本時の問いへつなぐ発問：ものすごい力のあった国王はどうなったのかな？

　導入では、2人のイギリス国王に着目します。まずエリザベス1世の絵を提示し、絶対王政を行い、権力をもっていたことを確認します。その上で、チャールズ1世が処刑されている場面を描いた絵を

提示します。エリザベス1世が絶対王政を振るい、力をもっていたイギリス国王が処刑されたことに着目して、本時の問いへつなげていきます。

本時のねらい

【知識・技能】 チャールズ１世が処刑された理由を話し合うことを通して，「権利の章典」が制定されるまでの流れを理解することができる。

❷ 【展開】社会的事象の意味を見出す協働（つながる）

> 思考をゆさぶる発問：絶対的な力をもっていた国王がなぜ処刑されたのかな？

　展開場面では，「専制政治」といったキーワードをもとに問いを解決しました。イギリス国王が専制政治を行っていたことを背景にピューリタン革命や名誉革命が起こりました。チャールズ１世の処刑をもとに「権利の章典」が制定されるまでの流れを捉えられるようにします。

❸ 【まとめ】探究的な学びへとつなげるふり返り（創り出す）

> 探究へつなぐ発問：処刑されるほど民衆から恨まれていたのに，なぜまだ王がいるのかな？

　授業のまとめでは，チャールズ３世の写真を提示します。写真がチャールズ３世だと伝え上で，「チャールズ１世が処刑されるほど民衆から恨まれていたのに，なぜ現在も王がいるのかな？」と問います。実際の授業では，教科書やインターネットで「王は君臨すれども統治せず」という言葉

> 処刑されるほど恨まれていたのに、なぜ今も国王がいるのかな？
>
> ↓
>
> ”王は君臨すれども統治せず”
> とのつながり

に着目し，あくまで象徴であることに気付く姿が見られました。こうして現代とのつながりも見出していくと，歴史認識の深まりにもつながると考えます。

評価のポイント

・❷❸の場面について，専制政治をもとに，「権利の章典」が制定されるまでの流れについて理解することができているか。

2章　見方・考え方を働かせる！中学歴史授業づくりの教科書　板書＆展開プラン

10　近代世界の確立

2　これぞ革命?!　　　　　　　　　　　　　　　　　　　　　（1時間構成）

　板書

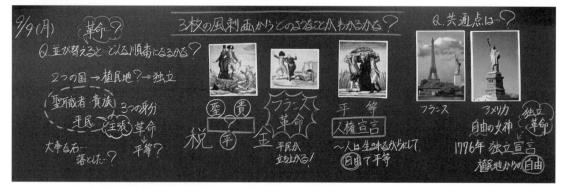

見方・考え方を働かせる授業デザイン

❶ 【導入】深い学びを生む「問い」（かかわる）

本時の問いへつなぐ発問：風刺画を並び替えると，どんな順番になるかな？

　導入では，フランス革命に関わる風刺画の並び替えの活動を行います。世界史の学習は小学校でも学んでいない部分が多いため，イメージをもちにくい子が多いですが，並び替えなどの活動を取り入れることでどの子も学習に参加できると考えます。

86

本時のねらい

【思考・判断・表現】フランス革命に関する風刺画の並び替えを通して，革命前後の聖職者・貴族・平民の関係を説明することができる。

❷【展開】社会的事象の意味を見出す協働（つながる）

思考をゆさぶる発問：3枚の風刺画からどのようなことがわかるかな？

展開場面では，3枚の風刺画に意味づけをしていきます。風刺画の意味について話し合うことを通して，フランス革命・人権宣言との関連を見出せるようにしていきます。

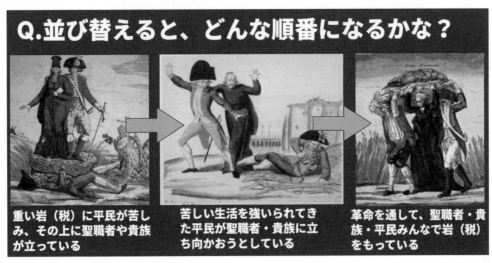

❸【まとめ】探究的な学びへとつなげるふり返り（創り出す）

探究へつなぐ発問：どうしてフランスに「自由の女神」があるのかな？

授業のまとめでは，アメリカ・フランスの「自由の女神」を提示します。アメリカのものが有名ですが，人権宣言の内容が大切にされている象徴としてフランスにもあることを確認します。

評価のポイント

・❷❸の問いについて，聖職者・貴族・平民の関係の変化を踏まえ，説明することができているか。

10　近代世界の確立

3　産業革命と児童労働　　　　　　　　　　　　（1時間構成）

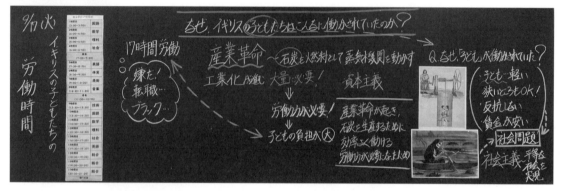

見方・考え方を働かせる授業デザイン

❶【導入】深い学びを生む「問い」（かかわる）

本時の問いへつなぐ発問：こんな学校はどうかな？

　導入では，「ある学校の時間割」を提示します。1時間目から少しずつ提示していくと，後半になればなるほど子どもたちの驚きが反応として表れると考えます。「こんな学校はどうかな？」と問うと，多くの子が「ブラック学校！」などの反応がありました。その上で，イギリスの子どもたちの労働時間と伝えると，「嫌だ！」「大変すぎる」という反応があったため，そうした反応を問いへつなげました。

ある学校の時間割		9時間目 (12:30〜13:20)	技術
1時間目 (3:00〜3:50)	国語	10時間目 (13:30〜14:20)	国語
2時間目 (4:00〜4:50)	数学	11時間目 (14:30〜15:20)	数学
3時間目 (5:00〜5:50)	理科	12時間目 (15:30〜16:20)	理科
4時間目 (6:00〜6:50)	社会	13時間目 (16:30〜17:20)	社会
朝食 (7:00〜7:20)		14時間目 (17:30〜18:20)	英語
5時間目 (7:30〜8:20)	英語	15時間目 (18:30〜19:20)	総合
6時間目 (8:30〜9:20)	体育	16時間目 (19:30〜20:20)	総合
7時間目 (9:30〜10:20)	美術	17時間目 (20:30〜21:20)	総合
8時間目 (10:30〜11:20)	音楽	帰りの会	
昼食 (11:30〜12:30)			

参考文献：『中学社会　歴史』（教育出版）

本時のねらい

【知識・技能】イギリスの子どもたちの労働時間について話し合うことを通して，産業革命と児童労働のつながりついて理解することができる。

❷【展開】社会的事象の意味を見出す協働（つながる）

思考をゆさぶる発問：なぜイギリスの子どもたちはこんなに働かされていたのか？

展開場面では，産業革命をキーワードに問いを追究していきます。産業革命では，大量の石炭が必要となったため，その分だけ労働力も必要となりました。そこで，子どもの負担も大きくなり，たくさんの子どもたちが働かされることになったと考えられています。

❸【まとめ】探究的な学びへとつなげるふり返り（創り出す）

探究へつなぐ発問：なぜ「子ども」が働かされていたのかな？

授業のまとめでは，本時の問いに立ち戻り，改めてなぜ「子ども」が働かされたのか考えます。『児童労働の報告書』の挿絵を提示すると，「子どもは小さいから狭い場所でも入っていける」「過酷な労働環境でも反抗しない」などといったことに気付きました。こうした側面をもとに「子ども」が労働させられていた理由について話し合いました。

評価のポイント

・❷❸の場面について，産業革命と児童労働を関連づけて理解することができているか。

11 幕藩政治の終わり

1 ペリーは何しに日本へ？

(1時間構成)

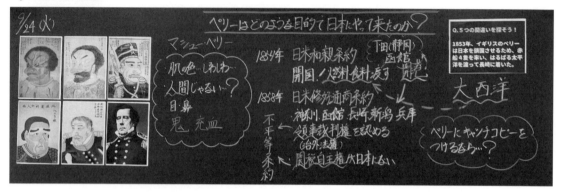

見方・考え方を働かせる授業デザイン

❶ 【導入】深い学びを生む「問い」（かかわる）

本時の問いへつなぐ発問：この絵の人物は誰だろう？

導入では，複数のペリーの肖像画を提示します。想像で描かれた理由についてゆさぶりをかけることで，本時の問いへつなげました。子どもたちとのやりとりを以下に示します。

T：この絵の人物は誰かな？
S：鬼みたいだ。
S：人間じゃないみたい。
S：ペリーだよ。小学校でペリーは想像で描かれたと聞いた！
T：そんなに怖い人だったの？
S：鎖国をしていたから，未知の存在だったんじゃないかな？
T：本当にペリーは恐ろしいことをしたのかな？

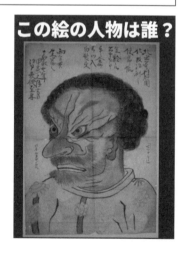

この絵の人物は誰？

💡 本時のねらい

【知識・技能】ペリーが日本にやってきた理由について話し合うことを通して，条約の内容について理解することができる。

❷ 【展開】社会的事象の意味を見出す協働（つながる）

> 思考をゆさぶる発問：ペリーはどのような目的で日本にやって来たのか？

　展開場面では，「港」に着目して問いを追究していきます。本時では，日米修好通商条約における不平等な内容にも触れますが，燃料などの補給に着目することで，ペリーの目的を中心に扱うことでペリーの目的を考えられるようにしました。

　条約の内容を確認した上で，右のようなクイズを出

Q. 5つの間違いを探そう！

1853年、イギリスのペリーは日本を鎖国させるため、赤船4隻を率い、はるばる太平洋を渡って長崎に着いた。

しました。「太平洋」ではなく「大西洋」を渡って来た事実に着目することで，燃料などの補給地として日本にやってきたという目的を見出せるようにしました。

❸ 【まとめ】探究的な学びへとつなげるふり返り（創り出す）

> 探究へつなぐ発問：ペリーにはどんなキャッチコピーがふさわしいだろう？

　授業のまとめでは，印象に残ったことについてキャッチコピーにして表現する活動を位置づけました。キャッチコピーは短い言葉で表現するため，端的に本時の学習を表現できると考えます。

📋 評価のポイント

・❷の場面について，ペリーが日本に来た理由と条約の内容を関連づけて理解することができているか。

11　幕藩政治の終わり

2　倒幕の動き
（1時間構成）

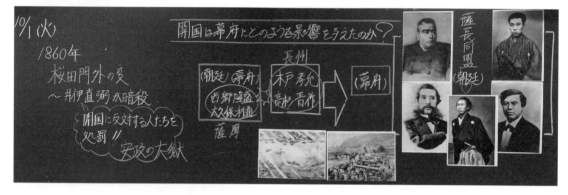

見方・考え方を働かせる授業デザイン

❶【導入】深い学びを生む「問い」（かかわる）

本時の問いへつなぐ発問：1860年…一体何があったのかな？

導入では、右の文章を音読するところから始めます。「1860年…一体何があったのかな？」と問うと教科書をもとに「桜田門外の変」だと気付くと考えます。激動の幕末について、学習する本時の問いへつなげます。

１８６０年…何があった？

　その日、3月3日は大雪でした。屋敷でひな祭りの甘酒を飲んでいると通りの方が騒がしい。出てみると、大変な騒動が起きて桜田門の外に非常に人が死んでいるという。和田倉門を出ると、黒いものがもがいている。石垣を枕に死んでいる者がある。武士が雪の中にあぐらで座って腹を切ろうとしているがもう力がなかった。その際に右においた包みがある。何かと思っていると、中から髷をつかんで人の首を取り出してじっと見ていた。周りに立っている者をしきりに拝んで、自分の首を打ってくれという身振りをしたが誰もやらない。どうしても死にきれないので、前の雪を取って口に入れた。

参考文献：加藤好一『探究を生む歴史の授業（上）』（地歴社）

本時のねらい

【知識・技能】幕府と薩摩藩・長州藩の関係をもとに，薩長同盟までの流れを理解することができる。

❷ 【展開】社会的事象の意味を見出す協働（つながる）

> 思考をゆさぶる発問：開国は幕府にどのような影響を与えたのかな？

　展開場面では，幕府・朝廷・薩摩藩・長州藩の関係性を見出していきます。実際の授業では，ロイロノートに1864年・1867年の幕府・朝廷・薩摩藩・長州藩の関係図を配布し，どんな意味を表しているのか話し合う活動を位置づけました。関係性が大きく変化していることを手がかりにしながら，薩長同盟を結ぶまでの流れを話し合う姿が見られました。

❸ 【まとめ】探究的な学びへとつなげるふり返り（創り出す）

> 探究へつなぐ発問：どうして関係が良くなかった薩摩藩と長州藩が手を組んだのかな？

　授業のまとめでは，薩長同盟を結んだ背景に迫ります。関係図だけでは，ともすると坂本龍馬が呼びかけたということだけが理由だと捉えてしまうかもしれません。そこで，薩英戦争の絵や四国艦隊下関砲撃事件の写真を提示することで，攘夷の限界に気付いたことを確認します。

評価のポイント

・❷❸の場面について，幕府と薩摩藩・長州藩の関係性をもとに理解することができているか。

11　幕藩政治の終わり

3　大変な世の中なのに, 「ええじゃないか」?! （1時間構成）

板書

見方・考え方を働かせる授業デザイン

❶【導入】深い学びを生む「問い」（かかわる）

本時の問いへつなぐ発問：「ええじゃないか」が起こった頃, 社会はどんな状況かな?

導入では, 開国後の「ええじゃないか」という民衆の動きを紹介します。その上で, 同じ頃にコレラや凶作を背景に社会不安が広がったことを確認し, 本時の問いへとつなげました。

本時のねらい

【知識・技能】社会不安があったにもかかわらず「ええじゃないか」の動きがあった理由について話し合うことを通して、新政府誕生までの動きを理解することができる。

❷【展開】社会的事象の意味を見出す協働（つながる）

思考をゆさぶる発問：不安要素があったのに，なぜ「ええじゃないか」なのかな？

展開場面では，「社会への期待と不安」をもとに本時の問いの解決を目指しました。導入で取り上げた病や凶作だけではなく地震などの災害による不安，そして新政府に対する期待も当時の人々は抱いていました。「期待」「不安」のそれぞれの意味を当時の民衆の立場に立って話し合うことで，人々の複雑な気持ちを考えました。

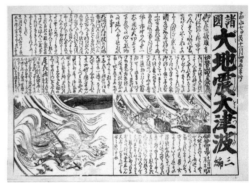

社会への期待	社会への不安
・新政府が誕生後，災害や貧困，病から解放されるのではないかという民衆の期待。	・コレラや災害，凶作などによる不安定で苦しい生活に対する民衆の不安。

❸【まとめ】探究的な学びへとつなげるふり返り（創り出す）

探究へつなぐ発問：新政府が誕生し，民衆の不安はなくなったのかな？

授業のまとめでは，新政府の誕生によって人々の不安がなくなったのか予想します。実際の授業では，「新政府が誕生しても，国民が納得する政策を行うのは難しいのではないか」という生徒の反応がありました。こうした予想をもとに，次時以降の学習へつなげていきます。

評価のポイント

・❷❸の問いについて，社会への期待と不安を踏まえ，理解することができているか。

2章　見方・考え方を働かせる！中学歴史授業づくりの教科書　板書＆展開プラン

12　新政府と明治維新

1　人々は徴兵令に進んで参加したの？ （1時間構成）

板書

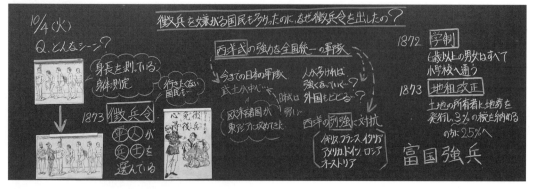

見方・考え方を働かせる授業デザイン

❶【導入】深い学びを生む「問い」（かかわる）

本時の問いへつなぐ発問：この風刺画は何をしている場面かな？

　導入では，徴兵令に関するビゴーの風刺画を提示します。実際の授業では風刺画の左側からゆっくりと子どもたちに提示しました。少しずつ風刺画を見せることで「何してるの?!」「裸？」などと反応しながら，何を描いているのか想像する姿が見られました。

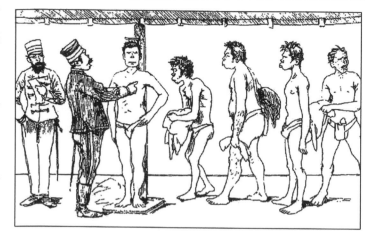

本時のねらい

【知識・技能】嫌がっている人がいたにもかかわらず徴兵令を行った理由について話し合うことを通して、富国強兵の政策を理解することができる。

❷ 【展開】社会的事象の意味を見出す協働（つながる）

思考をゆさぶる発問：徴兵を嫌がる国民が多かったのに、なぜ徴兵令を出したのかな？

新政府の政策のひとつとして行われた徴兵令でしたが、『徴兵逃れの心得』が出されるなど、国民の中には逃れたいと考える人も多くいたと考えられています。展開場面では、それでも徴兵令を行った理由に着目し、本時の問いへつなげました。

問いを解決するためのキーワードは「富国強兵」と「列強」です。明治政府は欧米諸国が東アジアに勢力を伸ばしていることに危機感を強め、西洋の列強に対抗できる国づくりを目指しました。「列強」と「富国強兵」のつながりを見出しながら、徴兵令を行った理由について話し合うことができるようにしていきます。

❸ 【まとめ】探究的な学びへとつなげるふり返り（創り出す）

探究へつなぐ発問：「豊かな国」ってどんな国かな？

授業のまとめでは、「富国強兵」の「富国」に関わる政策に着目します。「『豊かな国』ってどんな国かな？」と問うと、「経済力がある」「資源がある」などの反応がありました。その上で、「富国」になるために、学制・税制などの改革を近代化に向けて行ったことを確認しました。

評価のポイント

・❷❸の場面について、欧米諸国とのつながりを踏まえて理解することができているか。

12 新政府と明治維新

2 明治天皇が大変身？！　　　　　　　　　　　　　　　　　　　　　　（1時間構成）

板書

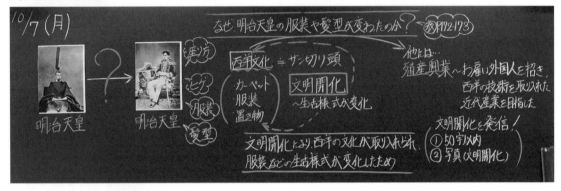

見方・考え方を働かせる授業デザイン

❶【導入】深い学びを生む「問い」（かかわる）

本時の問いへつなぐ発問：（明治天皇の2枚の写真を提示）どんな変化があるかな？

　導入では，2枚の写真を提示します。子どもたちに「これは誰かな？」と問うた上で，どちらも明治天皇の写真であることを確認します。その後2枚の写真を比較すると，服装や髪型が異なることに気付くと考えます。こうした明治天皇の変化を共有した上で，「どうしてこんなに変化があるのか」という子どもたちの疑問に着目し，本時の問いへつなげていきます。

本時のねらい

【思考・判断・表現】 明治天皇の服装などの変化について話し合うことを通して、明治時代における生活様式の変化について説明することができる。

❷ 【展開】社会的事象の意味を見出す協働（つながる）

思考をゆさぶる発問：なぜ明治天皇の服装や髪型が変わったのか？

展開場面では、文明開化をもとに問いの解決を目指しました。明治時代において、日本が西洋の文化を参考にしたことで生活様式は大きく変化しました。子どもたちとのやりとりを以下に示します。

T：○○さんはどんなキーワードを使って考えたかな？
S：「文明開化」だと思いました。
T：他の人もみんな「文明開化」に着目したかな？　近くの人と確認してみよう。
S：（話し合い後）文明開化は西洋の文化を取り入れたことだから、明治天皇も西洋風の服装や髪型になったんだと思う。
S：明治天皇の２枚目の写真を見ると、服装・髪型だけではなく家具みたいなものが洋風になっているね。

❸ 【まとめ】探究的な学びへとつなげるふり返り（創り出す）

探究へつなぐ発問：文明開化をSNSで発信するなら、どんな内容がいいかな？

授業のまとめでは、「文明開化をSNSで発信しよう」というテーマで文明開化の特色を捉えられるようにしました。発信を想定する媒体はInstagramやXなど子どもの実態に応じて選ぶのが良いと考えます。SNSを想定すると要点を絞り、端的に紹介するため、文明開化のポイントを明確にすることができます。

評価のポイント

・❷❸の問いについて、文明開化の特色を踏まえ、説明することができているか。

12　新政府と明治維新

3　福沢諭吉が一万円札に選ばれた理由とは？！ （1時間構成）

板書

見方・考え方を働かせる授業デザイン

❶【導入】深い学びを生む「問い」（かかわる）

本時の問いへつなぐ発問：歴代の一万円札にどんな人物が選ばれているのかな？

　導入では，紙幣に着目していきます。「歴代の一万円札にどんな人物が選ばれているのかな？」と問いかけた上で，子どもたちが挙げた人物について確認してきます。その際，実際に紙幣がある場合には実物を紹介すると子どもたちの好奇心も高まると考えます。実際の授業では，聖徳太子を例として功績について確認し，「福沢諭吉も一万円札に選ばれるほど功績があるのかな？」と問い，本時の問いへつなげていきます。

本時のねらい

【思考・判断・表現】福沢諭吉の功績について話し合うことを通して，一万円札に選ばれた理由を説明することができる。

❷ 【展開】社会的事象の意味を見出す協働（つながる）

思考をゆさぶる発問：福沢諭吉はどのような功績を残したのかな？

展開場面では，映像を視聴した上で福沢諭吉の生い立ちについて確認していきます。その上で，福沢諭吉の功績について文化的な側面から整理しました。功績について考えていく際，「征韓論」と関連づけながら，福沢諭吉が外交についてどのように考えていたのかについても確認することで学びが深まると考えます。

思想の紹介	学校の創設
・1872年に発表された『学問のすゝめ』では，日本にいち早く西洋の文化や考え方を伝えた。	・1858年に慶應義塾（旧蘭学塾）の創設者として知られ，西洋の学問や思想を日本に広めることに尽力した。

❸ 【まとめ】探究的な学びへとつなげるふり返り（創り出す）

探究へつなぐ発問：なぜ福沢諭吉は一万円札に選ばれたのかな？

授業のまとめでは，改めて福沢諭吉が一万円札に選ばれた理由について考えます。本時で学習した『学問のすゝめ』や慶應義塾などをもとに，明治時代から現在までにどのような影響を与えたのかという視点で記述する姿が見られました。

> **【なぜ福沢諭吉は一万円札に選ばれた？】**
>
> 学問のすゝめをかいていたり、慶應義塾を創立していろいろな影響をもたらした。また、人間の自由や権利を尊重したことは今の社会にもつながっていると思う。そして、行動力も選ばれた一つの理由だと思う。当時、オランダ語が通じなかったため英語を必死に勉強した姿も立派。1つだけではなく、こうした色々な側面を踏まえて選ばれたのだと思う。

評価のポイント

・❷❸の場面について，福沢諭吉の功績をもとに一万円札に選ばれた理由を説明することができているか。

2章　見方・考え方を働かせる！中学歴史授業づくりの教科書　板書＆展開プラン　101

12　新政府と明治維新
4　「演歌」と政治
(1時間構成)

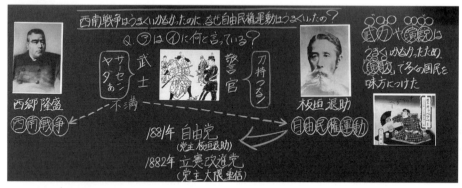

見方・考え方を働かせる授業デザイン

❶【導入】深い学びを生む「問い」（かかわる）

本時の問いへつなぐ発問：「ア」と「イ」の人物はどんな会話をしているのかな？

　導入では、廃刀令に関する1枚の絵を提示します。絵の中のアは「警官」、イは「武士」です。実際の授業では、警官と武士がどんな言葉を話しているのか、ペアで役割演技を取り入れました。どのペアにも共通していたのは、警官が武士に対して刀を取るように注意しているという内容です。その上で、武士の立場に立ち、不満に感じるだろうという思いを共有して本時の問いにつなげました。

本時のねらい

【知識・技能】西郷隆盛と板垣退助の政策の違いについて話し合うことを通して，自由民権運動の特徴を理解することができる。

❷ 【展開】社会的事象の意味を見出す協働（つながる）

思考をゆさぶる発問：なぜ自由民権運動はうまくいったのかな？

展開場面では，武士の不満を解決するために政治のやり方を変えようとした西郷隆盛と板垣退助に着目します。西郷隆盛は西南戦争，板垣退助は自由民権運動を通して，政治のやり方を変えようとしました。しかし，西南戦争は結果的に政府にしずめられてしまいましたが，自由民権運動は発展していきました。自由民権運動が発展した要因として，「演歌」も関係していると考えられています。演説をしても警察に妨害されてしまうため，民権派の人たちは「演歌」でまとまっていきました。

❸ 【まとめ】探究的な学びへとつなげるふり返り（創り出す）

探究へつなぐ発問：板垣退助にはどんなキャッチコピーがふさわしいかな？

授業のまとめでは，本時を通して印象に残ったことをキャッチコピーで表現しました。板垣退助に関して，自由民権運動が広まるまでの過程や考え方に着目してキャッチコピーで表現する姿が見られました。

評価のポイント

・❷❸の場面について，自由民権運動が発展した要因と特徴を理解することができているか。

13　揺れ動く東アジアと２つの戦争

1　不平等条約の改正の行方　　（１時間構成）

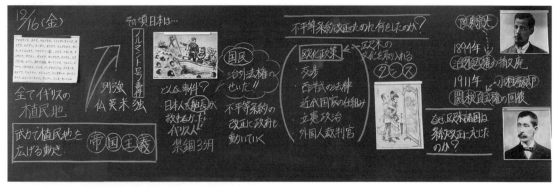

見方・考え方を働かせる授業デザイン

❶【導入】深い学びを生む「問い」（かかわる）

本時の問いへつなぐ発問：これらはどんな仲間だろう？

　導入では，「これらはどんな仲間だろう？」と問いかけた上で，共通点を探っていきます。国の数も多いため，なかなか共通点を見出しにくいと考えます。そこで実際の授業では，イギリス国旗を提示しました。すると，植民地とのつながりに気付く姿が見られました。そんな植民地がたくさんあるイギリスとの間でノルマントン号事件が起きます。そうしたつながりをもとに本時の問いにつなげます。

Q.これらはどんな仲間だろう？
アイルランド、カナダ、バルバドス、トリニダードトバゴ、ガイアナ、エジプト、スーダン、ガンビア、シェラレオネ、ガーナ、ナイジェリア、ソマリア（一部）、ケニア、ウガンダ、タンザニア、マラウィ、ザンビア、ローデシア、ボツワナ、フィジー、スワジランド、レソト、南アフリカ共和国、モーリシャス、イエメン、オマーン、パキスタン、インド、バングラディシュ、スリランカ、モルジブ、ミャンマー、マレーシア、シンガポール、オーストラリア、ニュージーランド、セーシェル

本時のねらい

【知識・技能】条約改正に向けた政府の政策について話し合うことを通して，陸奥宗光と小村寿太郎が不平等条約を改正したことを理解することができる。

❷【展開】社会的事象の意味を見出す協働（つながる）

思考をゆさぶる発問：不平等条約の改正のために何をしたのかな？

展開場面では，不平等条約を改正するために政府はどのようなことを行ったのかを予想します。実際の授業では，子どもたちからは「欧化政策」「交渉」「西洋式の法律」などが挙げられました。

その上で，これまでに岩倉使節団が欧米諸国に派遣するなど，不平等条約の改正を目指してきましたが，なかなかうまくいかなかったことを確認します。また，ビゴーの風刺画の一つである『猿真似』を提示します。欧化政策の一環として，外国との社交場として使用された鹿鳴館では西欧式の舞踏会が行われていましたが，条約改正にはつながりませんでした。

❸【まとめ】探究的な学びへとつなげるふり返り（創り出す）

探究へつなぐ発問：なぜ欧米諸国は条約改正に応じたのかな？

授業のまとめでは，最終的には陸奥宗光と小村寿太郎がそれぞれ不平等条約を改正したことを確認します。展開場面では，改正に向けて苦労していた政府を取り上げましたが，なぜ条約を改正できたのか予想する活動を位置づけました。

評価のポイント

・❷❸の場面について，陸奥宗光と小村寿太郎が不平等条約を改正したことを理解することができているか。

13 揺れ動く東アジアと2つの戦争

2 「日清」戦争なのに「朝鮮」？
（1時間構成）

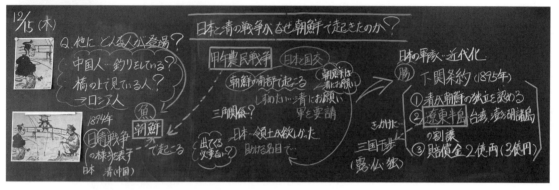

見方・考え方を働かせる授業デザイン

❶ 【導入】深い学びを生む「問い」（かかわる）

本時の問いへつなぐ発問：この風刺画には，他にどんな人が登場しているかな？

　導入では，ビゴーの風刺画『魚釣り遊び』の一部を提示します。小学校でも，この風刺画は扱われているため，そのまま提示するだけでは確認のみになってしまうと考えます。あえて一部を提示することで，風刺画が意味することを想起できるようにしました。実際の授業では，「この風刺画には，他にどんな人が登場しているかな？」と問うことで，ロシアと清の存在を確認しました。その上で，「日本と清がどこで戦ったのかな？　地図に指を差そう！」と伝え，子どもに予想させます。現在の中国を多くの子は指差しますが，正解は朝鮮です。日本と清の戦争にもかかわらず朝鮮が戦場となったことに着目しました。

本時のねらい

【思考・判断・表現】日清戦争の戦地が朝鮮となったことについて話し合うことを通して，日清戦争と甲午農民戦争のつながりを説明することができる。

❷【展開】社会的事象の意味を見出す協働（つながる）

思考をゆさぶる発問：日本と清の戦争がなぜ朝鮮で起きたのかな？

展開場面では，甲午農民戦争に着目して問いの解決へとつなげました。甲午農民戦争を抑えられない朝鮮政府は清に助けを求めましたが，日本も出兵したことで日清戦争へと発展していきました。子どもたちとのやりとりを以下に示します。

S：「甲午農民戦争」が朝鮮で起こったことで，日清戦争とつながっていった。
T：○○さんが言ったことってどういうことかな？
S：朝鮮で「甲午農民戦争」が起きて，朝鮮は清に助けを求めたのだけれど，日本も朝鮮にやってきた。
S：当時の日本は，世界の中で勢力を広げたいというねらいもあって朝鮮に出兵したんじゃないかな？

❸【まとめ】探究的な学びへとつなげるふり返り（創り出す）

探究へつなぐ発問：日清戦争に勝利した日本を列強の国々はどのように見たかな？

授業のまとめでは，列強と日本との関係を予想します。実際の授業では，「日本が力をつけたから，欧米諸国も日本のことを見直したんじゃないかな？」と考える子がいた一方で，「列強は日本が力をつけたことによく思わなかった」と考える子もいました。必要に応じて右のような風刺画を提示すると考えるヒントを与えることができると考えます。

評価のポイント

・❷の問いについて，甲午農民戦争とのつながりをもとに説明することができているか。

2章　見方・考え方を働かせる！中学歴史授業づくりの教科書　板書＆展開プラン　107

13 揺れ動く東アジアと２つの戦争

3 義和団事件と出兵数

（１時間構成）

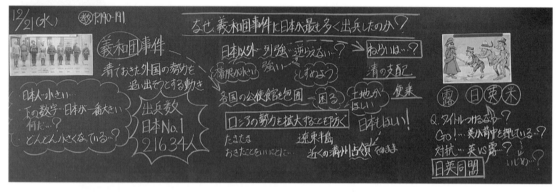

見方・考え方を働かせる授業デザイン

❶【導入】深い学びを生む「問い」（かかわる）

本時の問いへつなぐ発問：（義和団事件の資料を提示して）どんなことがわかるかな？

導入では，義和団事件に関する写真を提示します。気付いたことを子どもたちに問うと，「日本人の背が小さい」「左から力のある国の順番かな？」「国名の下に書かれている数字は日本が一番大きい」などの反応がありました。資料の数字は各国が義和団事件において出兵した数です。日本が最も多いということに着目し，本時の問いへつなげました。

本時のねらい

【思考・判断・表現】義和団事件において日本が多く出兵した理由について話し合うことを通して，日本と列強の関係性を説明することができる。

❷【展開】社会的事象の意味を見出す協働（つながる）

思考をゆさぶる発問：なぜ義和団事件に日本が最も多く出兵したのかな？

展開場面では，列強の国々との関係性をもとに義和団事件について話し合います。ロシアの動きに危機感をもった日本は多く兵を送ることで，ロシアの韓国への勢力拡大を防ごうとしました。子どもたちとのやりとりを以下に示します。

S：ロシアの動きに危機感をもったから日本もたくさんの兵を送ったみたいだ。
T：ロシアと日本はどんな関係があるの？
S：ロシアは東アジアの勢力を拡大しようとしたから，日本は警戒していた。
S：義和団事件に日本は他の国よりも多く出兵して，ロシアの勢力拡大を防ごうとしたんじゃないかな？
S：一番多く出兵していることから，日本がそれだけ危機感をもっていたことがわかるね。

❸【まとめ】探究的な学びへとつなげるふり返り（創り出す）

探究へつなぐ発問：風刺画にタイトルをつけるなら，どんなタイトルがふさわしいかな？

授業のまとめでは，日露戦争を描いたビゴーの風刺画を提示します。タイトルを考えることで，ロシア・日本・イギリス・アメリカの関係性を確認していきます。一枚の風刺画をもとに，日英同盟について確認するとともに，日露戦争における日本とロシアの関係性をイメージできるようにしました。

Q.タイトルをつけるなら…？

評価のポイント

・❷❸の場面について，ロシアと日本の関係性を踏まえて説明することができているか。

13 揺れ動く東アジアと2つの戦争

4 怒りを生んだ日露戦争
(1時間構成)

板書

見方・考え方を働かせる授業デザイン

❶【導入】深い学びを生む「問い」（かかわる）

本時の問いへつなぐ発問：（日露戦争の結果を踏まえて）おかしいところはないかな？

　導入では，ロシアの風刺画を提示した上で，どのような存在なのか考えます。風刺画において大きく描かれ，強そうな印象を受ける子が多くいると考えます。日本の実質的な勝利に終わったことを確認した上で，それにもかかわらず国民の不満が高まったことに着目し，問いへつなげます。

本時のねらい

【思考・判断・表現】日露戦争を経て国民の不満が高まった理由について話し合うことを通して，日露戦争の影響について説明することができる。

❷ 【展開】社会的事象の意味を見出す協働（つながる）

思考をゆさぶる発問：ロシアに勝ったのに，なぜ国民は怒っているのかな？

展開場面では，日露戦争の代償に着目します。各社の教科書にも日清・日露戦争の戦費や死者，賠償金を比較したグラフなどが掲載されているため，そうした客観的な数字をもとに不満の原因を話し合います。本時では，右のような資料をもとに違いを見出せるようにしました。

	日清戦争	日露戦争
戦費	約２億円	約２０億円
死者	約２万人	約８万人
賠償金	約３億円	なし

❸ 【まとめ】探究的な学びへとつなげるふり返り（創り出す）

探究へつなぐ発問：日本は本当に勝ったと言えるかな？

授業のまとめでは，「日本は本当にロシアに勝ったと言えるのかな？」と問うことで，日露戦争について自分の考えを記述しました。自分の考えを改めて整理することで，日露戦争がそ

国民が国内で暴動起こしているところを見ると勝ったとはいえないと思います。
一応ロシア艦隊破ったり，活躍はあったけど日本国民の生活を苦しくしてまでそんなことする必要があったのかと思うし，ポーツマス条約は日本に有利かもしれないけど6年分の国家予算使っといて賠償金ないとか終わってるなと思います。

日本は本当に勝ったと言えるのか？
自分は勝ってないと思っていて，理由は結果的に日本に有利な条約を結べたけど賠償金をもらえなかったのが大きいと思う。イギリスとアメリカからも沢山借金をしてたし，税金を上げたりして国民に負担をかけていたのに賠償金をもらえなくて反乱？が起きたりしていてから結果的に悪い方向にいったから勝ってないと思う。
勝負に勝ち戦いに負けたみたいな感じ。

の後の日本にどのような影響を与えたのか考えられるようにしました。

評価のポイント

・②③の場面について，日露戦争が国内や諸外国に与えた影響をもとに説明することができているか。

14 近代産業と明治時代の文化

1 産業革命の「光」　　　　　　　　　　　　　　　　　　　　　　（1時間構成）

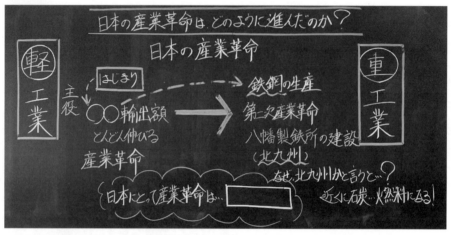

見方・考え方を働かせる授業デザイン

❶【導入】深い学びを生む「問い」（かかわる）

本時の問いへつなぐ発問：どうしてこんなに輸出額が増えたのかな？

　導入では，日本の輸出額を提示します。1882年には3772万円だった輸出額が1897年にはおよそ4.3倍となりました。その上で，「どうしてこんなに輸出額が増えたのかな？」と問います。きっかけは日清戦争です。気付く子どもがいなければ，日清戦争に関する資料を提示すると良いと考えます。こうした輸出額の変化をもとに本時の問いへつなげます。

本時のねらい

【知識・技能】日本の産業革命について，軽工業・重工業の発達をもとに理解することができる。

❷【展開】社会的事象の意味を見出す協働（つながる）

思考をゆさぶる発問：日本の産業革命はどのように進んだのかな？

展開場面では，日本の近代産業の発展についてロイロノートに整理する活動を位置づけました。活動に取り組む際には，「工業の移り変わり」という視点を与えました。多くの子が軽工業から重工業へ移り変わったことの特徴を踏まえていました。

❸【まとめ】探究的な学びへとつなげるふり返り（創り出す）

探究へつなぐ発問：日本にとって産業革命とはどのようなものだったかな？

授業のまとめでは，「日本にとって産業革命とはどのようなものだったかな？」と問い，一人ひとりが日本の産業革命について表現できるようにしました。実際の授業では「日本を発展させた大事な出来事」「先進国への第一歩」「これからの時代を築く上で大切なもの」などと記述する姿が見られました。こうした表現をもとに次時へつなげました。

次時では，産業革命の「かげ」を取り扱います。本時において，産業革命を通した日本の発展を学ぶ中で，「光」の側面を強調することにより，次の時間に子どもたちが問いを追究するエネルギーへとつながると考えます。

評価のポイント

・❷❸の場面について，軽工業・重工業をもとに近代産業の発達について理解することができているか。

14 近代産業と明治時代の文化

2 産業革命の「かげ」

（1時間構成）

見方・考え方を働かせる授業デザイン

❶【導入】深い学びを生む「問い」（かかわる）

本時の問いへつなぐ発問：（紙芝居を読み終えて）どんな感想をもちましたか？

　導入では，『野麦峠をこえて』を紙芝居で読み聞かせをしました。感想を聞くと「かわいそう」「ひどい労働環境」などの反応がありました。それにもかかわらず，「なぜ少女たちは働き続けたのか」に着目し，本時の問いへつなげました。

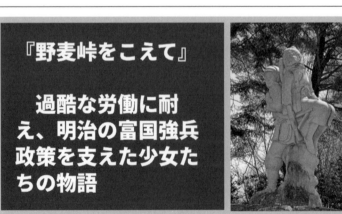

『野麦峠をこえて』

過酷な労働に耐え、明治の富国強兵政策を支えた少女たちの物語

💡 本時のねらい

【思考・判断・表現】女工たちの労働環境について話し合うことを通して，明治時代の産業における社会問題について説明することができる。

❷ 【展開】社会的事象の意味を見出す協働（つながる）

思考をゆさぶる発問：厳しい労働環境なのに，なぜ女工たちは働き続けたのかな？

展開場面では，近代産業における社会問題に着目して話し合いました。長時間労働や悪質な労働環境であるにもかかわらず，多くの女工たちは働き続けていました。その理由のひとつとして，多くの女工たちは出かせぎであり，家計を支えるために働いていたことが関係しています。教科書などから当時の労働状況を踏まえ，産業革命の「影」を捉えることができるようにします。

❸ 【まとめ】探究的な学びへとつなげるふり返り（創り出す）

探究へつなぐ発問：日本の中心では，どんなことが起こっていただろう？

授業のまとめでは，女工たちと対比するようなかたちで産業革命の「光」に着目します。日本の中心では，女工たちが生産した糸を使ってできたドレスでダンスパーティーが行われたり，貿易で得た資金も使って八幡製鉄所を建設したりしました。こうして産業革命の光と影を捉えられるようにしました。

女工たちが生産した糸で…
→
ダンスパーティー

製糸業・紡績業で得た資金も用いて…
→
八幡製鉄所の建設

📈 評価のポイント

・❷❸の問いについて，女工たちの労働条件をもとにしながら産業革命の光と影について説明することができているか。

14 近代産業と明治時代の文化

3 外国人が描いたもの？日本人が描いたもの？（1時間構成）

板書

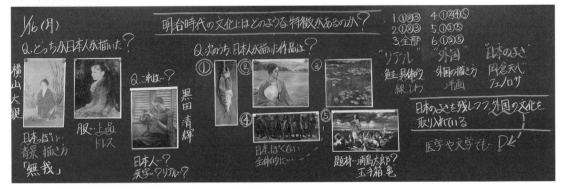

見方・考え方を働かせる授業デザイン

❶【導入】深い学びを生む「問い」（かかわる）

> 本時の問いへつなぐ発問：黒田清輝の『読書』は日本人・外国人のどちらが描いたもの？

　導入では、横山大観とルノワールの作品を提示し、「日本人が描いたのはどっち？」と問うと、子どもたちは迷わず横山大観の作品を選びます。その上で、黒田清輝『読書』を提示し、「この作品は日本人と外国人、どちらが描いたもの？」と問います。黒田清

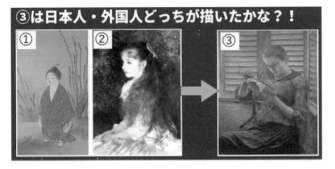

輝はパリで印象派的な視覚を学んだため、子どもたちは迷いながら選択します。『読書』は黒田清輝が描いたものだと確認すると、子どもから「えっ？」という声が出たため、その声をもとに本時の問いへつなげました。

本時のねらい

【思考・判断・表現】明治時代の絵画について話し合うことを通して，西洋の文化のつながりを踏まえて説明することができる。

❷【展開】社会的事象の意味を見出す協働（つながる）

思考をゆさぶる発問：明治時代の文化にはどのような特色があるかな？

展開場面では，新たに5枚の絵画を提示しました。提示した作品は①高橋由一が描いた『鮭』②黒田清輝が描いた『湖畔』③クロード・モネが描いた『睡蓮』④青木繁が描いた『海の幸』⑤山本芳翠が描いた『浦島図』です。これらの絵画をもとに，「日本人が描いた作品はどれだろう？」と問います。グループワーク後の全体交流では，「洋風な絵も，この時代に描かれていたことが，授業の初めに見た『無我』や『読書』からもわかるので…」など，導入の『読書』の表現をもとに日本人画家の作品を追究する姿が見られました。

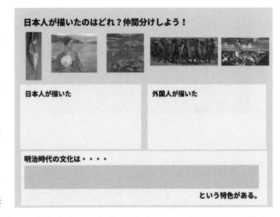

❸【まとめ】探究的な学びへとつなげるふり返り（創り出す）

探究へつなぐ発問：明治時代の文化を一言で表すと，どんな言葉がふさわしいかな？

授業のまとめでは，改めて明治時代の文化を表現する活動を位置づけました。実際の授業における生徒の記述では，「伝統的なものから，西洋のものまで多種多様」「日本独自の文化を残しつつ，西洋を取り入れている文化」など，「西洋の文化」に加えて「日本らしさ」を踏まえて記述している姿が見られました。

評価のポイント

・❷❸の場面について，西洋とのつながりをもとに明治時代の文化について説明することができているか。

15　第一次世界大戦と世界の動き

1　第一次世界大戦は「天の助け」？ （1時間構成）

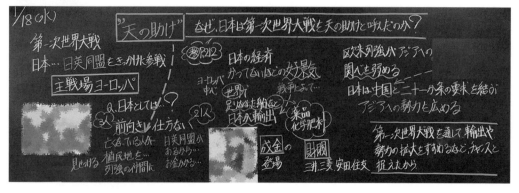

見方・考え方を働かせる授業デザイン

❶【導入】深い学びを生む「問い」（かかわる）

本時の問いへつなぐ発問：日本は前向きに参戦したのかな？　仕方なく参戦したのかな？

　日英同盟をきっかけに日本は第一次世界大戦に参戦します。導入では，「日本は前向きに参戦したのかな？　仕方なく参戦したのかな？」と問うと，多くの子が「仕方なく参戦」を選択しました。しかし，当時日本は第一次世界大戦は「天の助け」と考えていたそうです。こうした考えに着目し，本時の問いへつなげていきます。

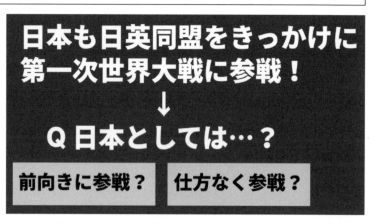

本時のねらい

【知識・技能】第一次世界大戦が日本へ与えた影響について，経済的な側面や外国との関わりを踏まえ理解することができる。

❷ 【展開】社会的事象の意味を見出す協働（つながる）

思考をゆさぶる発問：なぜ日本は第一次世界大戦を「天の助け」と呼んだのかな？

　展開場面では，第一次世界大戦による日本への影響について経済的な側面，勢力の拡大をもとに考えます。本時では「貿易の拡大」「財閥への成長」「外国との関わり」という3つの視点で整理しました。第一次世界大戦を通して日本の経済は好景気を迎えたことに加え，ヨーロッパが主戦場となったことでアジアへの勢力の拡大をしようとしました。こうした視点を以下のように子どもたちから話し合いの中で引き出しました。

貿易の拡大	財閥への成長	外国との関わり
・造船業や薬品等の輸出が増え，貿易は輸出が輸入を大きく上回る状態となった。	・三井・三菱・住友・安田などの大企業が財閥へと成長した。	・欧米列強がアジアへの関心を弱めたことを背景に，アジアへの勢力を拡大した。

❸ 【まとめ】探究的な学びへとつなげるふり返り（創り出す）

探究へつなぐ発問：なぜ「天の助け」と呼んだのかな？　自分の言葉で整理しよう。

　授業のまとめでは，本時の問いについて改めて自分の言葉で整理します。右の資料は子どもの記述です。展開場面で確認した輸出に関する内容を踏まえながら，記述する姿が見られました。

> 日本は第一次世界大戦で、戦争で物資が足りなくなった国に輸出をしたり、中国と21か条の要求を結ぶなどして、かつてないほどの好景気に見舞われたから。

評価のポイント

・②の場面について，第一次世界大戦が日本に与えた影響について，経済的な側面や中国をはじめとした外国との関わりをもとに理解することができているか。

2章　見方・考え方を働かせる！中学歴史授業づくりの教科書　板書&展開プラン　119

15　第一次世界大戦と世界の動き

2　連合国側なのにデモが起きたのはどうして？（1時間構成）

板書

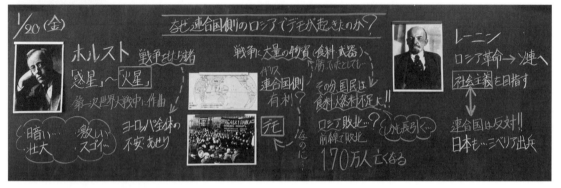

見方・考え方を働かせる授業デザイン

❶ 【導入】深い学びを生む「問い」（かかわる）

本時の問いへつなぐ発問：ホルスト『火星』からどんな印象を受けるかな？

　導入では，ホルストの『火星』という曲を流します。『火星』は第一次世界大戦中に作曲された曲であり，「戦争をもたらすもの」という副題が付けられています。曲を聴いた子どもの感想として「暗い」「激しい」などの反応がありました。ホルストはヨーロッパ出身ですが，『火星』からは連合国・同盟国関係なく人々の不安や焦りが感じられます。それはロシアでも同じであり，連合国側のロシアではデモが起こりました。戦争を有利に進めている連合国側であるにもかかわらず，デモを起こしている事実に着目し，本時の問いにつなげました。

本時のねらい

【知識・技能】ロシアでデモが起きた理由を話し合うことを通して，第一次世界大戦がロシアに与えた影響について理解することができる。

❷【展開】社会的事象の意味を見出す協働（つながる）

> 思考をゆさぶる発問：なぜ連合国側のロシアでデモが起きたのか？

展開場面では，「パン」と「平和」に着目して話し合いを進めます。ロシア国民は前線で敗北を続けるも戦争が終わらないことや，食料や燃料の不足したことが原因となり不満を抱きました。子どもたちとのやりとりを以下に示します。

> T：キーワードは「パン」と「平和」です。デモとどんなつながりがあるのかな？ 近くの人と確認してみよう。
> S：(話し合い後) 平和は第一次世界大戦が終わってほしいという願いじゃないかな？
> S：政府が戦争を続けたみたいだね。170万人も亡くなったみたい。
> T：なるほど。パンはどんな意味だろう？
> S：食料のことじゃないかな？
> S：戦争を続けたことによって，その分戦地に食料を送らなきゃいけないから，食料も足りなくなってしまったのだと思う。
> S：戦争のために食料を使うなら，その分国民のために食料を欲しいということだね。

❸【まとめ】探究的な学びへとつなげるふり返り（創り出す）

> 探究へつなぐ発問：ロシアにとって第一次世界大戦はどのようなものだったかな？

授業のまとめでは，ソビエト政府は社会主義を目指し，ソ連が結成されたことを確認します。その上で，「ロシアにとって第一次世界大戦はどのようなものだったかな？」と問います。単なる勝ち負けではなく，戦争による国民の負担を捉えられるようにします。

評価のポイント

・❷❸の問いについて，戦争が国民の生活に与えた影響を踏まえて理解することができているか。

15 第一次世界大戦と世界の動き
3 お金の価値ってこんなに下がるの⁈ （1時間構成）

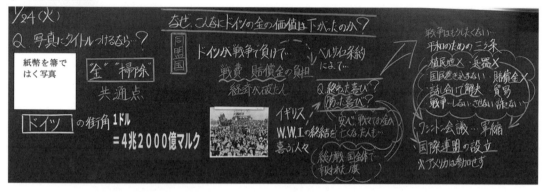

見方・考え方を働かせる授業デザイン

❶ 【導入】深い学びを生む「問い」（かかわる）

本時の問いへつなぐ発問：1ドル＝4兆2000億マルクってどういうこと？

　導入では，ドイツのハイパーインフレに着目します。ドイツでは第一次世界大戦後，マルクの価値が大戦中に比べ1兆分の1に下落するという天文学的数字となりました。そこで，右のような資料を提示することで，子どもたちの疑問を引き出せるようにしました。子どもの実態に応じて，当時の資料として「紙幣で遊ぶ子どもの写真」や「街角で紙幣を箒ではく写真」を提示することで，子ども関心をより高めるきっかけになると考えます。

本時のねらい

【知識・技能】 第一次世界大戦後の国際社会の歩みについて，ベルサイユ条約や国際協調の動きをもとに理解することができる。

❷ 【展開】社会的事象の意味を見出す協働（つながる）

思考をゆさぶる発問：なぜこんなにドイツのお金の価値は下がったのかな？

　展開場面では，ドイツの降伏とベルサイユ条約をもとに問いの解決を目指しました。第一次世界大戦において1918年には同盟国は相次いで降伏しました。また，降伏したことに加えて，お金の価値が下がった原因はベルサイユ条約にもありました。子どもたちとのやりとりを以下に示します。

S：第一次世界大戦の状況が厳しくなって，ドイツが降伏したからじゃないかな？
T：降伏したらお金の価値が下がるのかな？
S：降伏したことの他に条約も関係しているんじゃないかな？
S：ベルサイユ条約で巨額の賠償金を支払ったみたいだね。
T：ドイツでは，巨額の賠償金により国の経済が壊れてしまい，その影響でお金の価値も極端に下がってしまいました。

❸ 【まとめ】探究的な学びへとつなげるふり返り（創り出す）

探究へつなぐ発問：ロンドンの人たちの喜びは「終わった喜び」？「勝った喜び」？

　授業のまとめでは，第一次世界大戦後の国際社会の動きを確認します。実際の授業では，第一次世界大戦後に喜ぶロンドンの人々の写真を提示します。喜んでいることに子どもたちは気付きますが，その喜びは「終わった喜び」なのか「勝った喜び」なのか問います。結論としては終結した喜びです。ワシントン会議などを踏まえ，大戦後に国際協調の機運が高まったことを捉えられるようにします。

評価のポイント

・②③の場面について，ベルサイユ条約の内容や国際協調を踏まえて理解することができているか。

16　大正デモクラシーと文化の大衆化

1　米騒動と国民の怒り　　　　　　　　　　　　　　　　　　　（1時間構成）

板書

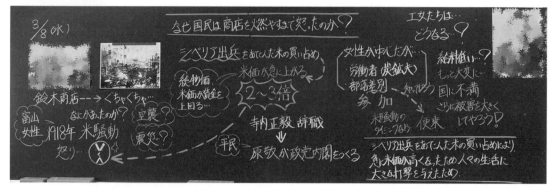

見方・考え方を働かせる授業デザイン

❶　【導入】深い学びを生む「問い」（かかわる）

本時の問いへつなぐ発問：1918年，商店に一体何があったの？

　導入では，焼き払われて跡形もなくなってしまった鈴木商店の写真を提示します。実際の授業では，はじめに写真だけを提示し，子どもたちからは「壊れている？」「ぐちゃぐちゃだ」などの反応が見られました。その上で，「1918年，商店に一体何があったのかな？」と問うと，1918年頃に米騒動が起きたことに気付きます。そこで，焦点を焼き払うほど怒った国民の感情を想起させることで，本時の問いへつなげました。

1918年、商店に一体何があった？

本時のねらい

【知識・技能】米騒動が起きた理由について，シベリア出兵との関わりをもとに理解することができる。

❷【展開】社会的事象の意味を見出す協働（つながる）

思考をゆさぶる発問：なぜ国民は商店を燃やすまで怒ったのかな？

展開場面では，シベリア出兵に着目して話し合いを進めました。教科書等の記述や米価のグラフから，シベリア出兵をあてこんだ米の買い占めにより米の値段が高くなったことを確認していきます。

そうした事実を確認した上で，国民の感情を想起するために右の資料のように国民の表情を表現する活動を位置づけました。多くの子がとても怒っている表情を描き，「どうしてそんな表情にしたの？」と問い返すことで，国民の生活の苦しさ引き出せるようにしました。

❸【まとめ】探究的な学びへとつなげるふり返り（創り出す）

探究へつなぐ発問：米騒動はどうして全国に広がっていったのかな？

授業のまとめでは，富山で始まった米騒動が日本各地に広がった理由を考えます。生活に苦しむ女性たちが運動に関わったほか，部落差別や厳しい労働環境に不満のあった人々も運動に加わりました。日本の産業革命の学習とのつながりを見出すことで学びに深まりをもたせることになると考えます。

評価のポイント

・②③の場面について，シベリア出兵をあてこんだ米の買い占めが行われたことを踏まえ，理解することができているか。

16　大正デモクラシーと文化の大衆化

2　明治？大正？どっちでSHOW！ （1時間構成）

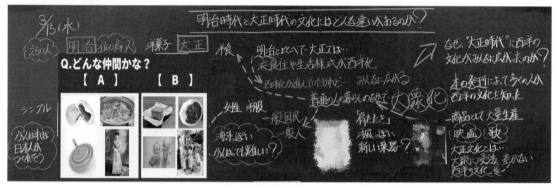

見方・考え方を働かせる授業デザイン

❶ 【導入】深い学びを生む「問い」（かかわる）

本時の問いへつなぐ発問：AとBはどんな仲間かな？

　導入では，資料のように仲間分けされたものを提示し，AとBに当てはまる言葉を考える活動を位置づけました。Aについては食文化を中心に学習している内容であるため，イメージできる子も多くいると考えます。Aは明治時代の文化，Bは大正時代の文化です。2つの文化を比較する中で，本時の問いへつなげていきます。

本時のねらい

【思考・判断・表現】明治時代と大正時代の文化を比較することを通して、大正時代の文化の特色を説明することができる。

❷ 【展開】社会的事象の意味を見出す協働（つながる）

> 思考をゆさぶる発問：明治時代と大正時代の文化にはどんな違いがあるかな？

展開場面では、明治時代と大正時代の文化を比較する中で、大正時代の特色を見出していきます。明治時代も西洋の文化は取り入れられていましたが、大正時代は文化が広がり大衆のものになっていきました。展開場面の後半では、文化が大衆へと広がっていった理由について考えます。その理由には、進学率の高まりやメディアの発達が関係しています。「メディアと文化の広がりにはどんなつながりがあるのかな？」などと問い返すことで子どもの言葉で語ることができるようにしていきます。

❸ 【まとめ】探究的な学びへとつなげるふり返り（創り出す）

> 探究へつなぐ発問：大正時代の文化はどんな文化と言えるだろう？

授業のまとめでは、自分の言葉で大正時代の文化を表現する活動を位置づけました。展開場面での学びをもとに「明治時代と比べて文化が大衆に広まったこと」「大衆に広がった背景にメディアの発達が関係していること」について記述する姿が見られました。

大正時代の文化は・・・

明治時代とは異なり、一般人にも西洋化が広まって、洋食や洋菓子、女性の洋服が広まり、文化住宅の建設も行われた。本の発刊や映画などの大衆娯楽によって大衆に浸透した。

という特色のある文化

評価のポイント

・❷❸の問いについて、大衆に広まったことやその理由をもとに説明することができているか。

17　世界恐慌と繰り返す戦争

1　世界恐慌で様子が一変 ?!

（1時間構成）

板書

見方・考え方を働かせる授業デザイン

❶【導入】深い学びを生む「問い」（かかわる）

本時の問いへつなぐ発問：現代の生活に近いのはどっち？

　導入では，1920年代と1930年代のアメリカの様子に着目します。「現代の生活に近いのはどっち？」と問うと，多くの子が①を選びます。しかし，①は1920年代，②は1930年代の写真です。子どもは「②は昔のようなのに…」という反応

をしたため，そうした意外性をもとに本時の問いへとつなげました。

💡 本時のねらい

【知識・技能】アメリカの1920年代と1930年代の様子の違いについて話し合うことを通して，世界恐慌が世界に与えた影響とその対策を理解することができる。

❷【展開】社会的事象の意味を見出す協働（つながる）

> 思考をゆさぶる発問：約10年もの間に，アメリカで何があったのかな？

展開場面では，1930年代のアメリカの様子と世界恐慌を関係づけて問いを解決していきます。1929年のニューヨークの株式市場での株価の暴落をきっかけとして世界恐慌が起こり，企業の倒産が相次ぎました。こうした背景をもとに，導入の写真との関連を見出します。

❸【まとめ】探究的な学びへとつなげるふり返り（創り出す）

> 探究へつなぐ発問：世界恐慌をどうやって乗り越えようとしたのかな？

授業のまとめでは，ミッキーの「蒸気船ウィリー」を視聴します。ミッキーがいろいろな仕事をしている様子を確認できます。失業者が多かった時代背景を反映しているのではないかと考えられます。本時では，そうした状況と関連づけて，アメリカなどの恐慌への対策を確認しました。

📋 評価のポイント

・②③の場面について，世界恐慌の影響とその対策を理解することができているか。

17　世界恐慌と繰り返す戦争

2　植民地の少ない国は世界恐慌をどうやって乗り越えた?!　（1時間構成）

板書

見方・考え方を働かせる授業デザイン

❶【導入】深い学びを生む「問い」（かかわる）

本時の問いへつなぐ発問：白い四角と色のついた四角は何を表しているかな？

　導入では，右のような資料を提示し，「白い四角と色のついた四角は何を表しているかな？」と問いかけます。本時では，子どもから「ドイツの四角が小さい！」「イギリスは白い部分が大きい」などの反応があり，その差から「白＝植民地」「色のついた部分＝本国」ということに気付きました。なかなか気付けない場合は，「イギリスの白にはインドや南アフリカが入るよ」などのヒントを与えるとよいと考えます。

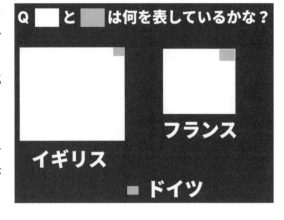

本時のねらい

【知識・技能】 ドイツやイタリアがどのように恐慌を乗り越えたのか話し合うことを通して，ファシズムの台頭について理解することができる。

❷ 【展開】社会的事象の意味を見出す協働（つながる）

> 思考をゆさぶる発問：植民地の少ない国は世界恐慌をどうやって乗り越えたのかな？

展開場面では，ファシズムをもとに問いについて話し合います。ドイツ・イタリアはイギリス・フランスとは異なり，植民地をほとんどもたないため，ブロック経済のような政策を取ることはできません。そのため，民主主義や基本的人権を否定し，軍事力を背景に領土を拡大する独裁政治を進めました。ドイツ・イタリアとイギリス・フランスを比較しながら話し合いを

進めることで，前時の既習事項を生かして学びを深められると考えます。

❸ 【まとめ】探究的な学びへとつなげるふり返り（創り出す）

> 探究へつなぐ発問：なぜヒトラーの考え方にドイツ国民は熱狂したのかな？

授業のまとめでは，ドイツ・イタリアでファシズムが多くの支持を得た背景について考えます。軍備の拡張により景気を回復させたことに加え，ドイツ国民にはベルサイユ条約による苦しみがありました。そうした部分を改めて着目することで，学習のつながりを見出していきました。

評価のポイント

・❷❸の問いについて，ドイツ・イタリアとイギリス・フランスの状況を比較しながらファシズムが台頭した理由について理解することができているか。

17　世界恐慌と繰り返す戦争
3　日本の進む道は？　　　　　　　　　　　　　　　　　　　　（1時間構成）

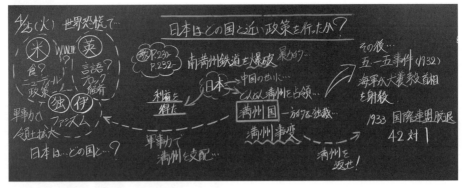

見方・考え方を働かせる授業デザイン

❶【導入】深い学びを生む「問い」（かかわる）

本時の問いへつなぐ発問：日本はどのグループの仲間かな？

　導入では，右のような資料を詳しく説明せずに提示します。はじめに「何を表しているかな？」と問い，「米＝ニューディール政策」「英・仏＝ブロック経済」「独・伊＝ファシズム」について前時までの学習をふり返りながら確認します。その上で，「日本はどのグループの仲間かな？」と問うことで，本時の問いへつなげていきます。実際の授業では，「独・伊」に近いと考える子がほとんどでした。

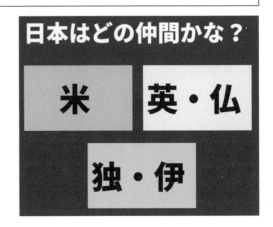

本時のねらい

【知識・技能】日本の世界恐慌に対する動きについて，中国との関係や国際社会との関わりをもとに理解することができる。

❷ 【展開】社会的事象の意味を見出す協働（つながる）

> 思考をゆさぶる発問：日本はどの国に近い政策をとったのかな？

　展開場面では，導入において「独・伊」に近い政策を行ったと考える子が多かったため，「本当にそうなのかな？」「証拠は？」などと子どもたちをゆさぶるような問い返しを通して，学習を進めました。子どもたちとのやりとりを以下に示します。

> T：日本はドイツやイタリアと同じグループだと思う人？
> S：（3分の2程度が挙手）
> T：本当にそうかな…？
> S：う〜ん。絶対とは…言えない…？
> T：「これが証拠だ」という部分について近くの人と確認してみよう。
> S：（話し合い後）武力で満州の大部分を占領したみたいだ。
> S：「日本は占領地から撤兵するように」と言われても日本は受け入れずに国際連盟から脱退したみたいだよ。
> S：軍事力を背景に政治を進めているところがファシズムと似ているんじゃないかな？

❸ 【まとめ】探究的な学びへとつなげるふり返り（創り出す）

> 探究へつなぐ発問：「42：1：1」一体何の数字だろう？

　授業のまとめでは，「42：1」という数字のみを板書します。子どもたちは，この数字を手がかりに教科書から何の数字なのか探すと考えます。国際連盟総会での日本への勧告に対する「賛成（42）：反対（1）」です。反対の少なさから，多くの子が日本の孤立を捉えられると考えます。こうした事実をもとに，この後日本はどうするのか予想できるようにします。

評価のポイント

・②③の場面について，満州事変や国際連盟の脱退を踏まえて理解することができているか。

2章　見方・考え方を働かせる！中学歴史授業づくりの教科書　板書＆展開プラン　133

18 第二次世界大戦と日本のゆくえ

1 パリでヒトラーが写真撮影？

（1時間構成）

板書

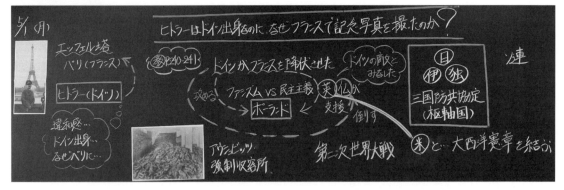

見方・考え方を働かせる授業デザイン

❶【導入】深い学びを生む「問い」（かかわる）

本時の問いへつなぐ発問：（写真全体を提示して）おかしいのはどこだろう？

導入では，エッフェル塔の一部を提示します。「これは何かな？」と問うと「東京タワー！」などの反応が上がると考えます。エッフェル塔ということを伝えた上で，写真の全体を提示します。「おかしいのはどこだろう？」と問うと，子どもたちは「パリ」に「ドイツのヒトラー」がいることに着目すると考えます。そうした気付きをもとに本時の問いへつなげます。

エッフェル塔の一部を提示

写真の全体を提示
エッフェル塔とともに写っているのは？

本時のねらい

【知識・技能】フランスにヒトラーがいる理由について話し合うことを通して，枢軸国側の勢力の広がりと連合国側の対応について理解することができる。

❷ 【展開】社会的事象の意味を見出す協働（つながる）

思考をゆさぶる発問：ヒトラーはドイツ人なのに，なぜフランスで記念写真を撮ったの？

展開場面では，ヨーロッパの白地図に枢軸国やドイツが占領した国に色を塗る活動を位置づけました。「フィンランド，スロバキア，ハンガリー…」などのように順に色を塗っていくと，大部分をドイツと枢軸国が占領していることがわかります。

色を塗っていく中で，子どもたちはその数の多さと広さに驚くと考えます。そうした反応をもとにしながら，授業のまとめへとつなげていきます。

❸ 【まとめ】探究的な学びへとつなげるふり返り（創り出す）

探究へつなぐ発問：連合国は勢力を広げ続ける枢軸国にどのように対応したらよいかな？

授業のまとめでは，連合国の対応について考えます。「連合国は勢力を広げ続ける枢軸国にどのように対応したらよいかな？」と問い，アメリカは中立の立場でしたが，イギリスとともに民主主義を守る原則を発表したことを確認します。

評価のポイント

・②③の場面について，枢軸国側の勢力の広がりと連合国側の対応を理解することができているか。

2章 見方・考え方を働かせる！中学歴史授業づくりの教科書 板書＆展開プラン 135

18 第二次世界大戦と日本のゆくえ

2 太平洋戦争のはじまり
（1時間構成）

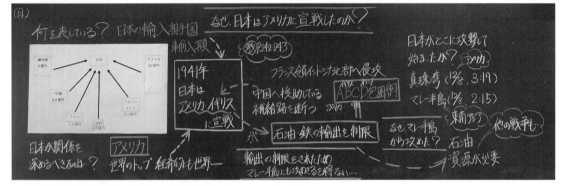

見方・考え方を働かせる授業デザイン

❶【導入】深い学びを生む「問い」（かかわる）

本時の問いへつなぐ発問：日本はどの国と関係を深めたらよいかな？

導入では，右の資料を提示し，「何を表しているかな？」と問います。各国の金額は輸入相手国からの輸入金額です。「日本はどの国と関係を深めたらよいかな？」と問うと多くの子がアメリカと答えます。しかし，結果として日本はアメリカに宣戦します。この事実に着目し，本時の問いにつなげます。

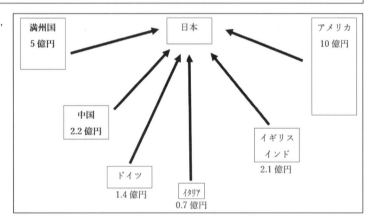

本時のねらい

【思考・判断・表現】第二次世界大戦がアジア・太平洋へ広がった理由について，日本の行きづまりとアメリカとの関わりから説明することができる。

❷ 【展開】社会的事象の意味を見出す協働（つながる）

思考をゆさぶる発問：（貿易の中心的な相手なのに）なぜ日本はアメリカに宣戦したの？

展開場面では，アメリカによる日本への輸出の禁止をきっかけに話し合いを進めました。第二次世界大戦の学習は多くの国が関わるため，苦手意識をもつ子も多いと考えます。そのため，子ども発言を板書していく中で，矢印などを用いながら関係性を整理していきました。子どもたちとのやりとりを以下に示します。

S：中国との戦争が関係していそう。
T：アメリカとの戦争なのに中国が関係しているの？
S：中国への勢力を広げたい日本だったけど，戦いが長引いてしまったから，アメリカの中国への支援をストップさせたかったことが関係している。
T：どういうこと？
S：アメリカの中国への支援をストップさせたかった日本だったけど，アメリカは対抗して日本への石油の輸出を禁止した。
S：さすがに輸出の禁止は困るからアメリカと戦争をしたんだね。

❸ 【まとめ】探究的な学びへとつなげるふり返り（創り出す）

探究へつなぐ発問：（アメリカ・イギリスとの戦争で）まず日本はどこを攻めるだろう？

アメリカ・イギリスに宣戦して太平洋戦争は始まります。授業のまとめでは，「日本ははじめにどこを攻めるだろう？」と問い，戦地を予想する活動を位置づけます。多くの子がハワイやアメリカ本土を指しますが，ハワイ真珠湾の前に12月8日午前2時15分にマレー半島周辺を攻めます。マレー半島では石油などの資源が得られるため，アメリカからの輸出に頼れない日本はマレー半島周辺を足がかりとしてハワイの米艦隊を攻撃しました。

評価のポイント

・❷❸の問いについて，日本の中国との戦争の行きづまりをもとに説明することができているか。

2章　見方・考え方を働かせる！中学歴史授業づくりの教科書　板書＆展開プラン　137

18　第二次世界大戦と日本のゆくえ
3　第二次世界大戦中に生きた人々
（1時間構成）

 板書

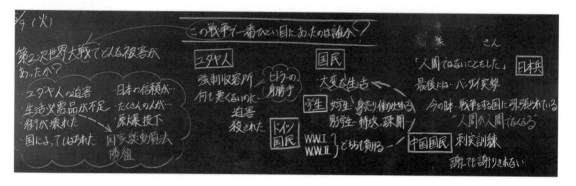

見方・考え方を働かせる授業デザイン

❶【導入】深い学びを生む「問い」（かかわる）

本時の問いへつなぐ発問：第二次世界大戦でどんな被害があっただろう？

　導入では，「第二次世界大戦でどんな被害があっただろう？」と問い，子どもたちが自分なりに考えた被害を共有します。実際の授業では以下のような発言がありました。

- ・ユダヤ人の迫害
- ・日本の信頼の低下
- ・戦争による生活必需品の不足
- ・約5000万人というたくさんの人が戦争により亡くなってしまった
- ・国によって苦しい生活を強いられた
- ・原子爆弾の投下
- ・焼け野原

　子どもたちからは日本国内のみならず，世界という広い視点での被害も挙げられました。このことから数えきれないほどの被害があったことがわかるため，そうした視点をもとに本時の問いへとつなげていきました。

本時のねらい

【思考・判断・表現】第二次世界大戦の学習を踏まえ，戦争に対する考えを自分なりに述べることができる。

❷ 【展開】社会的事象の意味を見出す協働（つながる）

> 思考をゆさぶる発問：第二次世界大戦で一番ひどい目にあったのは誰かな？

　導入では，子どもたちの発言をもとに多くの被害者がいることについて確認しました。展開場面では，そうした子どもの考えをもとにしつつ，「一番ひどい目にあったのは誰か」に着目することで，深く戦争について考えられるようにしました。また，政府の立場だけではなく，当時の日本兵の方や海外の方のインタビュー映像を提示することで，さまざまな立場から多角的に戦争について考えられるようにしました。

　展開場面の後半からは，自分なりに考えを記述する時間を位置づけました。単元を通して，自分なりに問題意識をもち，表現する姿が見られました。

第二次世界大戦で、一番ひどい目にあったのは誰か？

自分は初めは国民、特に学生が酷い目にあったと思っていたけれど、結局日本がしていたことを他の国でもしていたり、日本がされたことを別の地域では日本がしていたりと、どこかの国のみではなく戦争に参加した国の人全員が酷い目にあったと思います。だからこそ戦争はしてはいけないなどと語り継がれているのだと思います。結果的にはアメリカが勝ち、日本が負けてしまうけれど、だからといってアメリカが得をした日本が損をしたなどでは済まされないと思います。

第二次世界大戦で、一番ひどい目にあったのは誰か？

兵士だと思う。自分の意思で人を殺したり街を破壊している人は少ないと思うし、逆らったら自分の命も危うくなるから、仕方なく戦争している人が多いと思った。戦争をさせられている自分たちも被害者だけど、戦争で大勢の人を殺しているから加害者にもなるのが、精神的にもきついし、武器を使うから肉体的にも辛いと思ったから、兵士がいちばんの被害者だと思う。

評価のポイント

・❷の場面について，第二次世界大戦の学習を通して考えた戦争に対する考えを自分なりに視点をもって述べることができているか。

2章　見方・考え方を働かせる！中学歴史授業づくりの教科書　板書＆展開プラン　139

18　第二次世界大戦と日本のゆくえ

4　第二次世界大戦の終結　　　　　　　　　　（1時間構成）

子どもが作成した単元のまとめ

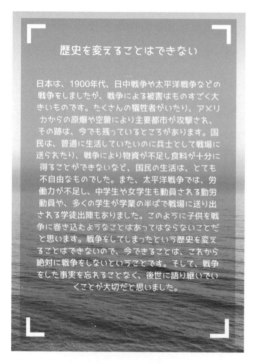

歴史を変えることはできない

日本は、1900年代、日中戦争や太平洋戦争などの戦争をしましたが、戦争による被害はものすごく大きいものです。たくさんの犠牲者がいたり、アメリカからの原爆や空襲により主要都市が攻撃され、その跡は、今でも残っているところがあります。国民は、普通に生活していたいのに兵士として戦場に送られたり、戦争により物資が不足し食料が十分に得ることができないなど、国民の生活は、とても不自由なものでした。また、太平洋戦争では、労働力が不足し、中学生や女学生も動員される勤労動員や、多くの学生が学業の半ばで戦場に送り出される学徒出陣もありました。このように子供を戦争に巻き込むようなことはあってはならないことだと思います。戦争をしてしまったという歴史を変えることはできないので、今できることは、これから絶対に戦争をしないということです。そして、戦争をした事実を忘れることなく、後世に語り継いでいくことが大切だと思いました。

『普通』は『当たり前』じゃない

今となっては、普通に生活している私たち。この「普通」は、戦時中はなかったと考えると苦しい気持ちになります。

戦時中、国民はとても厳しい生活をしていました。未来がある小さな子供たちも空襲によって、亡くなっていき、これから未来を背負うであろう20代の若者たちが特攻隊として駆り出され、家族・恋人を失い、泣き続く日が続いたでしょう。

私が、この話を聞いた時、最も辛かったことは、特攻隊の話です。家族・恋人に本音を言えないまま、片道分の燃料だけを積んで、敵国の空へ旅立っていきます。

「戦争は、二度と起こしてはいけない」よくこれを耳にします。本当にその通りです。今こうやって、私たちが「普通」に暮らしていることは、とてもありがたいことで、決して「当たり前」では、ないと思いました。

国のために、命をかけて戦ってくれた人たちのことを、私たちは、次の世代へ繋げていかなければならないと思います。二度とこの過ちを犯さないためにも。

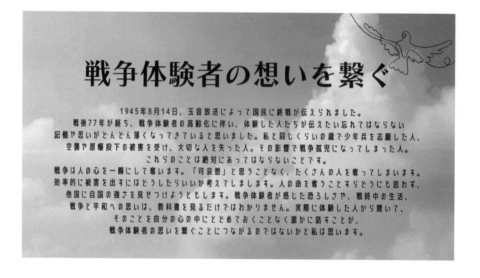

戦争体験者の想いを繋ぐ

1945年8月14日、玉音放送によって国民に終戦が伝えられました。戦後77年が経ち、戦争体験者の高齢化に伴い、体験した人たちが伝えたい忘れてはならない記憶や思いがどんどん薄くなってきていると思いました。私と同じくらいの歳で少年兵を志願した人、空襲や原爆投下の被害を受け、大切な人を失った人。その影響で戦争孤児になってしまった人。これらのことは絶対にあってはならないことです。

戦争は人の心を一瞬にして奪います。「可哀想」と思うことなく、たくさんの人を奪ってしまいます。効率的に被害を出すにはどうしたらいいか考えてしまします。人の命を奪うことすらどうにも思わず、他国に自国の強さを見せつけようともします。戦争体験者が感じた恐ろしさや、戦時中の生活、戦争と平和への思いは、教科書を見るだけではわかりません。実際に体験した人から聞いて、そのことを自分の心の中にとどめておくことなく誰かに話すことが、戦争体験者の思いを繋ぐことにつながるのではないかと私は思います。

本時のねらい

【思考・判断・表現】第二次世界大戦が人類全体に惨禍を及ぼしたことを踏まえ，国際協調と国際平和の実現に向けて大切にしたい考えを表現することができる。

❶ 【展開】社会的事象の意味を見出す協働（つながる）

> 思考をゆさぶる発問：単元を通して，みんなが大切にしたい考えは何ですか？

展開場面では，「単元を通して，みんなが大切にしたい考えは何ですか？」と問いかけた上で，キャッチコピーのように短い言葉で自分の思いを表現する活動を位置づけました。改めて単元の学びをふり返ることができるようにするとともに，一人ひとりの「学びのこだわり」を表現できるようにしました。実際の授業では，個人思考の時間を確保した上で，話し合いの活動を取り入れることで他の人の考えを参考にしながらタイトルへとつなげられるようにしました。

「戦争を語り継いで行く番が回ってきた」

　"生き残った市民は、被爆諸霊の冥福を祈り、かつ、この惨禍が再び地上にくり返されることを防ぐために、自ら起って、世界恒久平和の使徒となることを決意する。"これは、長崎平和祈念像の裏側に刻まれている言葉です。

　二〇二二年八月、私は長崎で平和学習をする機会に恵まれました。原爆資料館に展示されている"十一時二分で止まった時計"は、文字盤が耐えきれない熱さによって焼け焦げ、戦争の脅威を物語っています。原子爆弾が投下され、長崎の街が破壊された八月九日を知っているのだと思うと、とても残酷で目を背けたくなりました。今まで、戦争とは無縁で生きてきた私にとって、時計の針が示すものはあまりにも大きかったように感じます。

　日本には二度、原子爆弾が投下されました。広島、そして長崎です。数えきれないほどの罪のない命が犠牲になりました。それから80年近く経った今でもなお、苦しみ続けている人が多くいるという悲しい現状があります。被爆者の平均年齢は84歳を上回りました。だからこそ私たちは、かつて日本で起こった残酷な歴史語り継いで行かなければなりません。もう二度と、戦争を繰り返してはいけません。これからは、私達が戦争の悲劇を伝えて行く番です。

評価のポイント

・①の問いについて，大戦が人類全体に惨禍を及ぼしたことを踏まえ，表現することができているか。

2章　見方・考え方を働かせる！中学歴史授業づくりの教科書　板書＆展開プラン　141

19 「新しい日本」へ再出発

1 名前ランキングからみえる国民の願い　（1時間構成）

板書

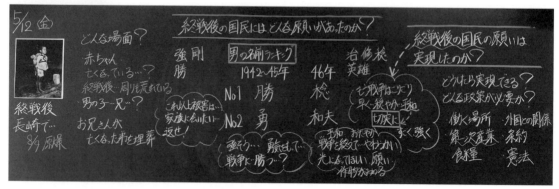

見方・考え方を働かせる授業デザイン

❶【導入】深い学びを生む「問い」（かかわる）

本時の問いへつなぐ発問：この少年に願いがあるとしたら、どんな願いがあるだろう？

　導入では、アメリカ合衆国のカメラマン、ジョー・オダネルが1945年に終戦後の長崎で撮影したとされる『焼き場に立つ少年』を提示します。「どんな場面だろう？」と問うと、「兄弟が何かを見送っている…？」などの反応がありました。

　少年は目を閉じた幼児を背負っており、この幼児は少年の弟ですでに息を引き取っており、少年は火葬の順番を待っている場面だと考えられています。この場面を通して、終戦はしましたが未だ大変な状況が続いていることを確認できるようにしました。その後、「この少年に願いがあるとしたら、どんな願いがあるだろう？」と問い、戦後の国民の願いに思いを寄せました。

Qどんな場面だろう？

本時のねらい

【思考・判断・表現】戦後の日本の国民の願いを話し合うことを通して、戦後の日本にどのような政策が必要か表現することができる。

❷【展開】社会的事象の意味を見出す協働（つながる）

思考をゆさぶる発問：終戦後の国民には、どんな願いがあったのかな？

展開場面では、1942年〜1945年と1946年の男子の名前ランキングを考える活動を位置づけました。正解は1942年〜1945年の1位が「勝」2位が「勇」、1946年の1位が「稔」2位が「和夫」です。ランキングの1・2位が変化していることから人々の願いや社会の状況も変化していることがわかります。

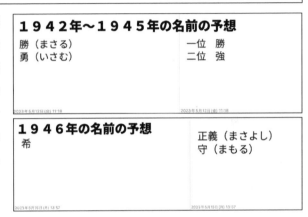

参考文献：歴史教育者協議会編『明日の授業に使える中学校社会科 歴史［第2版］』（大月書店）

❸【まとめ】探究的な学びへとつなげるふり返り（創り出す）

探究へつなぐ発問：国民の願いを実現するにはどうしたらよいかな？

授業のまとめでは、国民の願いを実現するための具体的な政策について考えます。必要な政策を予想することを通して、当時の政府の政策と国民の願いがどのように結び付いているのかについて、次時以降考えていくきっかけにしていきました。

どうしたら国民の願いを実現できるかな？

原爆や爆弾で被害を受けた町の復興の促進。
国を守るだけの軍を置く。
他の国と平和にしようと条約を結ぶ。
世界の国々から支援を受けて経済を立て直す。
衣食住、生活必需品、仕事を…
学生の教育を前のように小学校6年にする。
戦争孤児への援助

評価のポイント

・❷❸の場面について、国民の願いをもとに必要な政策について表現することができているか。

19 「新しい日本」へ再出発

2　Go Home Quickly？

（1時間構成）

見方・考え方を働かせる授業デザイン

❶【導入】深い学びを生む「問い」（かかわる）

本時の問いへつなぐ発問：どうして国民は怒ったのかな？

　導入では，第1回昭和天皇・マッカーサー会見の写真を提示します。子どもたちと左側がGHQ総司令官のダグラス・マッカーサー，右側が昭和天皇であることを確認します。その上で，「この写真を見て，当時の国民は怒ったと言われています。どうしてかな？」と問うと，マッカーサーの立ち振る舞いを見て怒ったのではないかと考えます。GHQを国民は「Go Home Quickly」と例えるなど，はじめは当時の国民から批判的な声もありました。こうした国民の声も参考にしながら，本時の問いへつなげていきます。

本時のねらい

【知識・技能】戦後の日本のあゆみを話し合うことを通して，GHQ の民主化政策について理解することができる。

❷ 【展開】社会的事象の意味を見出す協働（つながる）

思考をゆさぶる発問：GHQ は日本にとって悪者なのだろうか？

展開場面では，「GHQ は日本にとって悪者なのだろうか？」という問いを通して，GHQ の政策について考えます。この問いはもちろんどちらが正解というものではなく，あくまでも GHQ の政策について理解することや，民主化政策について多面的・多角的に考えることを目的にしています。実際の授業では，以下のような考えが子どもから出されました。

○（悪者だと思う）	×（悪者ではないと思う）
・政治を進めていく政府の人たちにとっては，アメリカと歩んでいくのは考え方の違いもあり，難しかったと思う。 ・戦争を指揮していた立場の人たちは，極東国際軍事裁判をよく思わなかったと思う。	・大正デモクラシーが起きた頃，多くの人たちが憧れていたような民主主義となった。 ・日本国憲法が制定され，自分たち（国民）の意見を聞いてくれる社会になった。 ・軍が解散され，平和の道を歩み始めた。 ・改革を通して，社会の仕組みが変わった。

❸ 【まとめ】探究的な学びへとつなげるふり返り（創り出す）

探究へつなぐ発問：日本にとって GHQ の民主化政策はどのようなものだっただろう？

授業のまとめでは，「日本にとって GHQ の民主化政策はどのようなものだっただろう？」と問います。単にどのような民主化政策が行われたのかについて暗記することにとどまらず，政策が当時や現代にどのような影響を与えているのかという視点も踏まえ，子どもたちがどのように感じているのかを表現することで，見方・考え方を発揮できるようにしていきます。

評価のポイント

・②③の問いについて，GHQ の民主化政策を踏まえて理解することができているか。

2章　見方・考え方を働かせる！中学歴史授業づくりの教科書　板書&展開プラン　145

19 「新しい日本」へ再出発

3　朝鮮戦争と警察予備隊　　　　　　　　　　（1時間構成）

板書

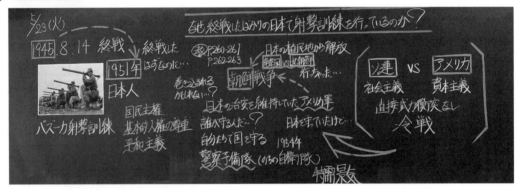

見方・考え方を働かせる授業デザイン

❶【導入】深い学びを生む「問い」（かかわる）

本時の問いへつなぐ発問：（写真を提示）一体何があったのかな？

　導入では，1951年に行われたバズーカ射撃訓練の様子の写真を提示します。前時では民主化や平和に向けた取り組みを学んでいるため，終戦して間もない日本でバズーカを手にしていることに驚く子も多いと考えます。

本時のねらい

【知識・技能】警察予備隊が射撃訓練をしている理由について話し合うことを通して，冷戦の東アジアへの影響をもとに理解することができる。

❷【展開】社会的事象の意味を見出す協働（つながる）

思考をゆさぶる発問：なぜ戦争が終わったばかりの日本で射撃訓練が行われたのかな？

展開場面では，「冷戦」「朝鮮戦争」に着目して話し合いを進めました。冷戦の影響を受け，1950年に朝鮮戦争が始まりました。1951年には日米安全保障条約が結ばれていることからアメリカとのつながりも踏まえることで，多面的な見方・考え方を働かせることにもつながります。こうした視点に着目して，子どもとやりとりをしながら問いの解決を目指しました。子どもたちとのやりとりを以下に示します。

S：冷戦が関係しているみたいだ。
T：冷戦に日本も関係しているの？
S：冷戦の影響で朝鮮戦争が行われたんだね。
S：日本の近くで戦争が起きているから訓練をしているということじゃないかな？
S：総司令部の指令で警察予備隊が新設されたみたいだから，アメリカと日米安全保障条約によって協力関係のような状態にあったことも関係しているんじゃないかな？

❸【まとめ】探究的な学びへとつなげるふり返り（創り出す）

探究へつなぐ発問：射撃訓練が行われたのはなぜかな？　自分の言葉で整理しよう。

平和主義を目指していた日本であるにもかかわらず，射撃訓練をしている理由を確かめてきました。授業のまとめでは，改めて本時の問いについて，自分なりの言葉で記述することで，子ども自身が学びを自覚できるようにしていきます。

評価のポイント

・②③の場面について，朝鮮戦争の開戦や警察予備隊の新設を踏まえて理解することができているか。

19 「新しい日本」へ再出発

4　独立回復！国民の意見は？

（1時間構成）

板書

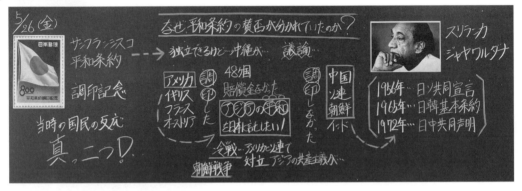

見方・考え方を働かせる授業デザイン

❶【導入】深い学びを生む「問い」（かかわる）

本時の問いへつなぐ発問：「？」にどんな言葉が当てはまるかな？

導入では、平和条約調印の記念切手を提示します。条約を結び、日本は独立を回復しました。「国民は独立の回復をどう思ったかな？」と問うと、多くの子が「よかった」と答えますが、当時の日本の反応は賛成・反対真っ二つでした。

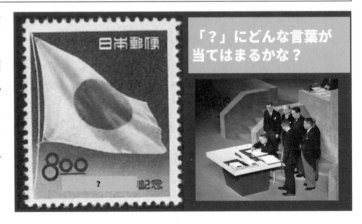

本時のねらい

【思考・判断・表現】サンフランシスコ平和条約に対する意見が分かれた理由を説明することができる。

❷【展開】社会的事象の意味を見出す協働（つながる）

思考をゆさぶる発問：なぜ平和条約の賛否が分かれていたのかな？

展開場面では，平和条約に対する意見が分かれた理由を話し合います。実際の授業では，右のような資料を提示し，「A・Bはどんな仲間かな？」と問いました。子どもたちは教科書をもとに，Bは条約に調印していない国だと気付きました。

A・Bはどんな仲間かな？

【A】
- アメリカ
- フランス
- イギリス
- オーストリア

【B】
- 中国
- ソ連
- 朝鮮
- インド

た。日本国内では，単に独立するだけではなく，すべての連合国と講和を結ぶべきだと考える人もいることを確認しました。

❸【まとめ】探究的な学びへとつなげるふり返り（創り出す）

探究へつなぐ発問：その後，すべての国との間で国交を回復したのかな？

授業のまとめでは，サンフランシスコ平和条約を結んだ当時，国交を回復していなかった国と国交を回復したのかを確認します。1956年のソ連との国交回復をはじめ，中国や韓国とも日本は国交を回復しました。しかし，北朝鮮とは未だ国交回復していません。現在も残る課題を取り上げることで，歴史学習と現在のつながりを見出していきます。

評価のポイント

・②の場面について，サンフランシスコ平和条約に調印した国・調印していない国を踏まえ，説明することができているか。

2章　見方・考え方を働かせる！中学歴史授業づくりの教科書　板書&展開プラン　149

20　日本の復興と新たな課題

1　国家予算の3分の1をかけたオリンピック　（1時間構成）

　板書

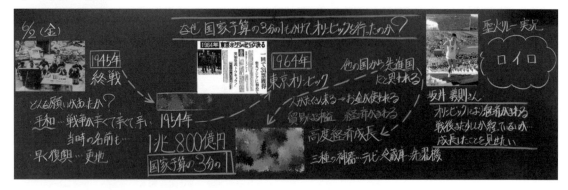

見方・考え方を働かせる授業デザイン

❶【導入】深い学びを生む「問い」（かかわる）

> 本時の問いへつなぐ発問：「108000000」…何の数字かな？

　導入では，「108000000」という数字だけを提示します。この数字だけでは，何を表しているのか気付くことは難しいため，東京オリンピックの開催が決定した新聞記事を提示します。すると，オリンピックに関わるお金であることに徐々に気付きます。しかし，オリンピックに日本が立候補したのは終戦から10年も経たない1954年，かけたお金は当時の国家予算の3分の1です。この事実をもとに展開へつなげます。

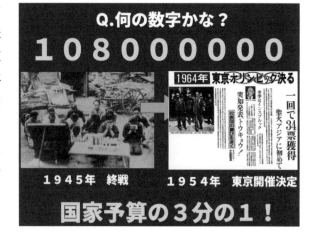

本時のねらい

【思考・判断・表現】東京オリンピックを行った理由について，経済成長や諸外国との関係性を踏まえ説明することができる。

❷ 【展開】社会的事象の意味を見出す協働（つながる）

思考をゆさぶる発問：なぜ国家予算の3分の1もかけて東京オリンピックを行ったの？

展開場面では，日本の経済成長と諸外国との関係性の側面から東京オリンピックを開催した理由について考えます。当時日本は目覚ましい経済成長を遂げており，そうした成長を諸外国に見てもらうために東京オリンピックはよい機会となりました。

日本の経済成長	諸外国との関係性
・東海道新幹線や羽田空港の整備，モノレールの開通。 ・テレビ・電気洗濯機などの家庭電化製品や自動車の普及。	・先進国としての一員として世界に認知されていないため，戦後の復興から高度経済成長に移行していたことを先進国に伝える機会とした。

❸ 【まとめ】探究的な学びへとつなげるふり返り（創り出す）

探究へつなぐ発問：聖火リレーの最終ランナーの実況…あなたなら何と実況する⁈

授業のまとめでは，聖火リレーの最終ランナーのシーンに実況を録音する活動を取り入れました。最終ランナーの坂井義則さんは広島原爆投下の日に生まれました。坂井さんが聖火を灯すまでの実況を考えることで，戦後の焼け野原からオリンピックまでに至る苦労や成長を表現する活動を位置づけました。

評価のポイント

・❷❸の場面について，経済成長と諸外国との関係を踏まえ，説明することができているか。

20　日本の復興と新たな課題

2　チキンラーメンと高度経済成長　　　　　　　　　　（1時間構成）

板書

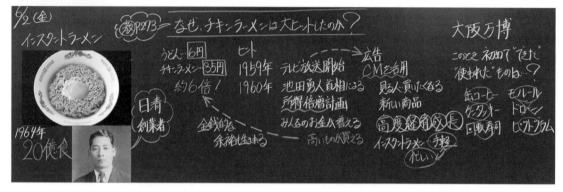

見方・考え方を働かせる授業デザイン

❶　【導入】深い学びを生む「問い」（かかわる）

本時の問いへつなぐ発問：うどんが6円の頃，チキンラーメンは何円かな？

　導入では，チキンラーメンの値段をもとに本時の問いへつなげられるようにしました。チキンラーメンが販売された頃，うどんの値段が約6円，チキンラーメンは約6倍の35円でした。それにもかかわらず，チキンラーメンは20億食の大ヒット。当時は高級食品とも言えるチキンラーメンがたくさん売れた理由について考えます。

💡 本時のねらい

【思考・判断・表現】チキンラーメンが多く売れた理由について，高度経済成長期の人々の生活と関連づけて説明することができる。

❷【展開】社会的事象の意味を見出す協働（つながる）

> 思考をゆさぶる発問：なぜチキンラーメンは大ヒットしたのかな？

展開場面では，高度経済成長期の時代背景に着目して問いを追究します。チキンラーメンが売れるようになった頃，テレビ放送開始，所得倍増計画，そして高度経済成長による仕事の忙しさなど，国民の生活もそれ以前と変わってきました。こうした視点に着目して，問いの解決に向けて話し合いを進めました。

テレビ放送の開始	所得倍増計画	高度経済成長
・テレビ放送の開始に伴い，CMも放送されるようになり，CMを目にした人たちが興味をもって購入するようになった。	・池田勇人内閣は所得倍増をテーマに掲げ，経済の急成長を目指す政策を進めた。所得が増えたことで，生活にゆとりが生まれた。	・高度経済成長に伴い，労働者の忙しさもましたことにより，手軽に食べられるインスタント麺の需要が多くなった。

❸【まとめ】探究的な学びへとつなげるふり返り（創り出す）

> 探究へつなぐ発問：高度経済成長の「かげ」とは何だろう？

授業のまとめでは，高度経済成長の「かげ」の側面に着目します。四大公害病の資料を提示することで，子どもたちからどのような課題があったのか引き出すとともに，環境保護の取り組みを確認します。

📋 評価のポイント

・②③の問いについて，高度経済成長期の人々の生活を踏まえて説明することができているか。

おわりに

　私が教員として初めて教科担任を受け持った頃のことを思い返すと，子どもたちとの授業の中で多くの悩みや葛藤を抱えていた日々がよみがえります。時間をかけて計画した授業が思うように子どもたちに響かず，発言するのは毎回決まった数名だけ。熱心に取り組んでいるつもりでも，どこか子どもたちとの距離を感じる授業ばかりでした。

　当時の私は，「子どもにとって本当に学びがいのある授業とは何か」を深く考えることなく，形式的に授業を進めていたのだと思います。授業内容に関係のない雑談で場を和ませようとしたり，楽しい雰囲気さえあればいいと考えたりしていたこともありました。しかし，その姿勢では本当に心を動かされる学びにはつながらないことに気付かされたのです。

　そんな中で，先輩方の授業を見る機会が私の転機となりました。先輩方に共通していたのは，子どもたちが自然と授業に引き込まれ，教科の本質に触れる学びを体験していたことです。その姿を目の当たりにし，私は「よい授業」を目指す決意を新たにしました。自分の授業を見てもらい，アドバイスを受けながら改善を重ねる日々。そして，社会科を中心に多くの教育書に触れる中で，授業研究の大切さに気付きました。この体験が，現在の私の実践の原点となっています。

　本書が，多くの先生方の日々の授業づくりの参考となり，少しでも新しい視点や気付きを提供できれば，これ以上の喜びはありません。私自身もまだまだ未熟であり，よりよい授業を追究するために学び続けていきたいと思っています。本書を手に取ってくださった先生方が，「こんな風に授業をアレンジしてみました」といったご意見や実践の報告をしてくださる日が訪れることを心から願っています。

　最後に，本書の発行にご尽力いただいた及川誠さん，校正を手がけてくださった編集部のみなさん，そしてこれまでご指導いただいた全ての先生方に，心より感謝申し上げます。

澤田　康介

参考文献一覧

・上田薫著『ずれによる創造：人間のための教育』黎明書房，1990年

・安井俊夫著『歴史の授業108時間　上』地歴社，1990年

・有田和正著『指導力アップ術④　学習技能を鍛えて「追究の鬼」を育てる』明治図書出版，2003年

・宗實直樹著『深い学びに導く社会科新発問パターン集』明治図書出版，2021年

・中村祐哉著『板書＆問いでつくる「社会科×探究」授業デザイン』明治図書出版，2022年

・宗實直樹著『社会科の「つまずき」指導術 社会科が面白いほど好きになる授業デザイン』明治図書出版，2021年

・藤井千春著『「問題解決学習」のストラテジー』明治図書出版，1996年

・由井薗健・粕谷昌良監修／小学校社会科授業づくり研究会編著『小学校社会科 Before&After でよくわかる！子どもの追究力を高める教材＆発問モデル』明治図書出版，2017年

・由井薗健著『一人ひとりが考え，全員でつくる社会科授業』東洋館出版社，2017年

・川端祐介著『川端裕介の中学校社会科授業　見方・考え方を働かせる発問スキル50』明治図書出版，2021年

・佐藤正寿監修／有田和正著『改訂版　授業づくりの教科書社会科授業の教科書〈5・6年〉』さくら社，2020年

・佐藤正寿著『これだけははずせない！　小学校社会科単元別「キー発問」アイディア』明治図書出版，2010年

・朝倉一民著『主体的・対話的で深い学びを実現する！板書＆展開例でよくわかる　社会科授業づくりの教科書　6年』明治図書出版，2018年

・乾正学著『中学歴史　生徒が夢中になる！アクティブ・ラーニング＆導入ネタ80』明治図書出版，2016年

・加藤好一著『探究を生む歴史の授業（上）─プリント・資料付き』地歴社，2017年

・加藤好一著『探究を生む歴史の授業（下）─プリント・資料付き』地歴社，2021年

・北村明裕編著『子ども熱中！中学社会「アクティブ・ラーニング」授業モデル』明治図書出版，2015年

・峯明秀編『中学校社会科"アクティブ・ラーニング発問"174』学芸みらい社，2016年

・河原和之著『100万人が受けたい「中学歴史」ウソ・ホント？授業』明治図書出版，2012年

・河原和之著『続・100万人が受けたい「中学歴史」ウソ・ホント？授業』明治図書出版，2017年

・河原和之著『100万人が受けたい！　見方・考え方を鍛える「中学歴史」大人もハマる授業ネタ』明治図書出版，2019年

・河原和之著『100万人が解きたい！見方・考え方を鍛える中学歴史ワーク』明治図書出版，2021年

・梶谷真弘編著『見方・考え方を鍛える！学びを深める中学歴史授業ネタ50』明治図書出版，2024年

・田中龍彦著『討論する歴史の授業4：シナリオ・プリント・方法』地歴社，2014年

・歴史教育者協議会編『明日の授業に使える中学校社会科 歴史［第2版］』大月書店，2022年

・米須清貴「3【授業最前線】資料＆図解で丸わかり！教材研究と授業デザイン　小学校」『社会科教育2023年7月号』明治図書出版，2023年

【著者紹介】
澤田　康介（さわだ　こうすけ）
1993年生まれ。小学校教諭を経て，現在北海道大学附属釧路義務教育学校後期課程教諭。2023年度ソニー子ども科学教育プログラム「未来へつなぐ教育計画」にて入選，第59回2023年度「実践！　わたしの教育記録」にて入選などの受賞歴がある。共著に『STEP UP 全学年対応社会科授業アイデア』『小学５年の絶対成功する授業技術』『社会科「個別最適な学び」授業デザイン　事例編』（以上，明治図書）などがある。Facebook「社会科授業づくり倶楽部」を運営。

見方・考え方を働かせる！
板書＆展開例でよくわかる
中学歴史授業づくりの教科書

2025年3月初版第1刷刊　Ⓒ著　者　澤　田　康　介
　　　　　　　　　　　　　発行者　藤　原　光　政
　　　　　　　　　　　　　発行所　明治図書出版株式会社
　　　　　　　　　　　　　　　　　http://www.meijitosho.co.jp
　　　　　　　　　　　（企画）及川　誠（校正）吉田　茜
　　　　　　　　　　　〒114-0023　東京都北区滝野川7-46-1
　　　　　　　　　　　振替00160-5-151318　電話03(5907)6703
　　　　　　　　　　　　　ご注文窓口　電話03(5907)6668
＊検印省略　　　　　　　組版所　藤原印刷株式会社
　　　　　　　　本書の無断コピーは，著作権・出版権にふれます。ご注意ください。

Printed in Japan　　　　　　　ISBN978-4-18-329524-8
もれなくクーポンがもらえる！読者アンケートはこちらから

100万人が受けたい！探究と対話を生む 中学社会 ウソ・ホント？授業シリーズ

河原 和之 著

子ども熱中！探究心に火をつけるオモシロ授業ネタ

社会科は暗記科目じゃない！100万人が受けたい！シリーズでおなじみ「社会科授業の達人」河原和之先生の最新中学社会授業ネタ集。「平安京遷都の謎を解く」「80億人の未来」など探究と対話を生む教材を豊富に収録。子ども熱中間違いなしです。

中学地理
A5判 152頁 定価1,936円（10%税込） 図書番号 2657

中学歴史
A5判 152頁 定価1,936円（10%税込） 図書番号 2658

中学公民
A5判 144頁 定価1,936円（10%税込） 図書番号 2659

社会科授業づくりは「単元で考える」

小倉 勝登 著

文部科学省教科調査官が直伝！社会科授業づくりはじめの一歩

文部科学省教科調査官小倉勝登先生による、社会科授業づくり「はじめの一歩」。「社会科の授業をどうつくっていけばよいか」「何を教えたらいいのか」「授業改善はどこから始めればよいのか」という声に応え、楽しく役立つ授業づくりのポイントを丁寧に解説しました。

A5判 152頁
定価2,046円（10%税込）
図書番号 3008

社会科「個別最適な学び」授業デザイン

宗實 直樹 著

多様な学習形態で実現する！子どもが主語になる社会科授業づくり

社会科授業で「個別最適な学び」を実現する14のポイントを徹底解説。子どもの見取りから単元の授業デザイン、問いの吟味から学習の複線化、自己調整学習からICT活用、学習評価まで。社会科における「個別最適な学習」授業づくりのはじめの一歩となる手引書です。

理論編
A5判 192頁 定価2,486円（10%税込） 図書番号 3331

実践編
A5判 152頁 定価2,310円（10%税込） 図書番号 3332

地理的な見方・考え方を働かせた地理授業デザイン

吉水 裕也 著

地理的な見方は「問い」次第！ワクワク地理授業デザイン

地理的な見方・考え方を働かせるには、地理的な問いを発見して、問題解決的な学習をすることが必要不可欠！具体的な「教材発掘エピソード」と身近なモノや題材をヒントに考えた「問い」を切り口に、子どもたちの考えを深める地理授業デザインについて解説した必携の書です。

四六判 176頁
定価1,936円（10%税込）
図書番号 3617

明治図書 携帯・スマートフォンからは **明治図書ONLINE へ** 書籍の検索、注文ができます。▶▶▶

http://www.meijitosho.co.jp ＊併記4桁の図書番号（英数字）でHP、携帯での検索・注文が簡単に行えます。

〒114-0023 東京都北区滝野川7-46-1 ご注文窓口 TEL 03-5907-6668 FAX 050-3156-2790

粕谷昌良の「考えたくなる」社会科授業

粕谷昌良 著

「子どもが進んで考えたくなる」社会科授業づくりの秘訣が満載！

「子どもが進んで考えたくなる」社会科授業づくりのポイントを，徹底解説。子どもの見取りから単元の授業デザイン，問いの吟味から学習の複線化，学習評価までを網羅。多様な価値観への理解と視野がひろがる，社会科授業づくりの「はじめの一歩」となる入門書です。

A5判 184頁
定価 2,200円（10％税込）
図書番号 2635

中学校社会サポートBOOKS
見方・考え方を鍛える！学びを深める 中学社会授業ネタ50

梶谷真弘 編著

楽しみながらどんどん力がつく！中学社会おすすめ授業ネタ50選

授業に求められる本質は，「学びたくなる」「全員が参加できる」「力をつける」の3つです。単に面白いだけの授業ネタではなく，見方・考え方を鍛え，学びを深める授業ネタを！中学校3分野の単元別に，すぐ使える魅力的な授業ネタを50本収録した必携の1冊です。

中学地理
A5判 128頁 定価 1,980円（10％税込） 図書番号 3597
中学歴史
A5判 128頁 定価 1,980円（10％税込） 図書番号 3598
中学公民
A5判 128頁 定価 1,980円（10％税込） 図書番号 3599

スペシャリスト直伝！
社会科授業力アップ成功の極意
学びを深める必須スキル

佐藤正寿 著

社会科授業づくりの秘訣がぜんぶわかる！

好評のスペシャリスト直伝！シリーズ「社会科授業力アップ」編。学びを深める必須の授業スキルを，教材研究と多様な学びの生かし方もまじえて，授業場面を例にはじめの一歩から丁寧に解説。授業のスペシャリストが子どもが熱中する授業の極意を伝授する必携の1冊です。

A5判 136頁
定価 1,760円（10％税込）
図書番号 2899

STEP UP
全学年対応 社会科授業アイデア

石井英真・由井薗 健 監修／
子どもとつくる社会科授業研究会 著

社会科がもっと好きになる！ワンステップ高める楽しい授業づくり

「社会科をもっと好きに」「もっと楽しい授業に」という願いを実現する！あと一歩ステップアップするための社会科授業アイデア集。学年別・単元別に，子どもをひきつける教材づくりや熱中する学習方法，ワンステップ高めるポイントと具体的な授業プランをまとめました。

A5判 208頁
定価 2,376円（10％税込）
図書番号 3788

明治図書 携帯・スマートフォンからは **明治図書ONLINE** へ 書籍の検索、注文ができます。▶▶▶

http://www.meijitosho.co.jp ＊併記4桁の図書番号（英数字）でHP、携帯での検索・注文が簡単に行えます。

〒114-0023 東京都北区滝野川7-46-1 ご注文窓口 TEL 03-5907-6668 FAX 050-3383-4991

バックキャスト思考で創る学級経営

赤坂 真二 著

未来のあるべき姿を考え，そこから逆に現在を見るバックキャスト思考で，学級経営が変わる！長期的な視点で考えることで，現状の制約にとらわれないアイデアや正解が見えない課題への対応，成長志向のアプローチが可能になります。変化の激しい時代に必携の学級経営論。

Ａ５判 192 ページ／定価 2,486 円(10% 税込)
図書番号 5017

教師のデジタル仕事術 毎日の授業から校務ＤＸまで

谷中 優樹 著

普段使いでここまで変わる！事務仕事がはかどり，子どもとの時間と笑顔も増えて教師もハッピーになるデジタル仕事術。毎日の業務や学級経営，思考ツール×デジタルで授業づくりにも活かせるデジタルツールについて，そのメリットと実際の使い方を丁寧に解説しました。

Ａ５判 152 ページ／定価 2,200 円(10% 税込)
図書番号 2682

クラス満足度１００％の学級経営アイデア
笑顔あふれるクラスへの仕掛け

樋口 万太郎 監修／島田 航大 著

いいね先生として，先生を 100% 楽しむ方法を発信している著者が，笑顔があふれるクラスを実現する学級担任の仕事術を直伝。最高の１年を始める準備から毎日のクラスが楽しくなる取り組み，いい雰囲気になる教室づくりから効果的な言葉がけなどその秘訣を１冊に。

Ａ５判 152 ページ／定価 2,310 円(10% 税込)
図書番号 0564

理科授業がおもしろい先生が実はやっている授業づくり５６のアイデア

吉金 佳能・衛藤 巧・田中 翔 編著

理科授業を，もっとおもしろく！教科の本質に迫る魅力的な授業づくりにアップデートする秘訣を，「仕掛け」「観察」「スキル」「ＩＣＴ」「授業開き・授業参観」「アウトプット」「個別最適な学び」「探究」の８つの視点からまとめました。

Ａ５判 144 ページ／定価 2,156 円(10% 税込)
図書番号 6225

明治図書　携帯・スマートフォンからは **明治図書ＯＮＬＩＮＥへ**　書籍の検索，注文ができます。▶▶▶

http://www.meijitosho.co.jp　＊併記４桁の図書番号（英数字）で，HP，携帯での検索・注文が簡単に行えます。

〒114-0023　東京都北区滝野川 7-46-1　ご注文窓口　TEL 03-5907-6668　FAX 050-3383-4991